DICTIONNAIRE
du
Cotentin

© Éditions Le Télégramme 2012

Conception graphique et mise en pages : Thierry RENARD
Carte page 11 : Patrick Mérienne
Photogravure : SÉTIG
ISBN : 978-2-84833-275-8
Éditeur : 13.01.04.03.12

Ce livre a été imprimé par LOIRE OFFSET TITOULET :

COUVERTURE. La Cotentine, une ancienne maison
de pêcheurs de la Hague, près d'Omonville-la-Rogue.

PAGES DE GARDE. *Le Cotentin côté bocage*
et *Le Cotentin côté mer*, vitraux créés et réalisés
par Paul Bony en 1975.

DICTIONNAIRE
du
Cotentin

Michel Giard

ÉDITIONS
Le Télégramme

Michel Giard était assurément l'écrivain le plus qualifié pour nous donner, avec ce dictionnaire, un tableau exhaustif, érudit et savoureux de sa presqu'île bienaimée. Du Cotentin, il connaît la riche histoire, du débarquement des Vikings aux alentours de l'an 900 à celui des Américains en 1944, en passant par la longuette guerre de Cent Ans. Il connaît aussi son étrange géographie qui marie la terre et la mer en des noces plus intimes que partout ailleurs, avec les prairies les plus grasses du monde dégringolant sans transition dans les vagues. Quoi de plus rural que notre bocage ? Ici, c'est bien connu, si vous plantez le soir en terre une règle en bois, vous la retrouvez au matin couverte de bourgeons. Quoi de plus maritime que cette presqu'île, sommée par Cherbourg qui fut pour des centaines de milliers d'émigrants venus du fond de l'Europe le tremplin d'où ils s'élancèrent pour aller vivre le rêve américain ?

La Hague, notre Far Ouest, dont l'auteur exalte à juste titre la beauté sauvage et que même la malencontreuse usine ne parvient pas à défigurer…

Chacune des entrées de ce dictionnaire bellement illustré raconte un roman vrai, voire une épopée, telle celle des frères Hauteville, petits nobles sans fortune qui, à force d'intelligente bravoure, créèrent le royaume normand de Sicile, ou bien une anecdote étonnante (ces habitants de Siouville qui, en 1837, fâchés contre leur curé, se convertirent en bloc au protestantisme…), une merveille architecturale, un personnage haut en couleur, une coutume venue du fond des âges…

Pour le horsain que je reste, puisque né à Paris et vivant dans le Cotentin depuis seulement cinquante et un ans, Michel Giard nous livre de ce pays l'image la plus juste, la plus authentique, à l'écart des clichés rebattus. Il le peut, car il est d'ici jusqu'au plus intime de son être. Il le fait avec un talent d'écriture qui, à n'en pas douter, donnera bien du bonheur à ses lecteurs.

Gilles Perrault

Les renvois signalés par des astérisques permettront au lecteur de naviguer plus aisément d'un article à l'autre. En page 212, un index servira à repérer les noms faisant l'objet d'une entrée dans le dictionnaire.

Cap de la Hague
Port Racine
Goury
Omonville-la-Rogue
Phare du Cap Lévi
Cap Lévi
Phare de Gatteville
Pointe de Barfleur
Jobourg
Omonville-la-Petite
Landemer
Falaises
Urville-Nacqueville
Beaumont-la-Hague
Île Pelée
Fort
Fermanville
St-Pierre-Église
Gatteville-le-Phare
Barfleur
Nez de Jobourg
Querqueville
Bretteville
Allée couverte
Valcanville
Montfarville
Dunes
Vauville
Abbaye
Tourlaville
D 116
D 901
D 902
Réville
Dunes
Biville
Cherbourg-Octeville
La Saire
Trottebec
La Pernelle
Quettehou
Pointe de Saire
Dunes
Héauville
Martinvast
Saussemesnil
St-Vaast-la-Hougue
Fort
Île de Tatihou
Théauville
Couville
D 120
D 24
D 902
D 14
Flamanville
Sotteville
L'Ouve
La Gloire
Valognes
D 25
Manoir de la Hougue
Quinéville
Île St-Marcouf
Les Pieux
D 900
N 13
Montebourg
D 42
D 421
Fort
Dunes
Abbaye
Flottemanville-le-Bocage
Écausseville
Le Rozel
Bricquebec
La Douve
Azeville
Utah Beach
D 66
D 23
D 902
D 2
D 42
N 13
St-Jacques-de-Néhou
La Scye
St-Sauveur-le-Vicomte
Cimetière allemand
Orglandes
Crosville-sur-Douve
Ste-Mère-Église
D 50
D 15
Picauville
D 913
Ste-Marie-du-Mont
Barneville-Carteret
Abbaye
Rauville-la-Place
Phare de Carteret
Canville-la-Roque
D 2
Varenguebec
La Douve
Appeville
Carentan
La Vire
Portbail
Château de Prétot
Coigny
N 13
Dunes
Denneville
La Haye-du-Puits
D 903
D 903
N 174
D 903
PARC NATUREL RÉGIONAL
DES MARAIS DU COTENTIN
ET DU BESSIN
Alderney (Aurigny)
Cherbourg
Guernsey (Guernesey)
COTENTIN
Sark (Sercq)
ÎLES ANGLO-NORMANDES
Jersey
Îles Chausey
Mont Castre (camp romain)
St-Germain-sur Ay
D 2
Lessay
La Sève
La Taute
D 971
La Taute
Canal de Vire et Taute
N 174
Abbaye
Périers
D 900
D 971
Côte des Havres
Château de Pirou
Landes de Lessay
D 650
D 2
L'Ay
D 900
St-Lô
La Vire
BASSE-NORMANDIE
Phare de Sénéquet
D 651
D 971
Marigny
N 174
Cimetière allemand
D 972
Canisy
La Vire
Agon-Coutainville
D 44
Coutances
D 999
N
O
E
S
La Sienne
La Soulles
D 7
0   5   10 km
Quettreville-sur-Sienne
D 971
D 13
Hambye
D 999
D 13

ABCde

Ânes du Cotentin
à la foire de Lessay.

Ab

About de faîteau
à Saint-Vaast-la-Hougue.

Agon-Coutainville Cette station balnéaire active fournissait à l'époque de la pêche à la morue sur les bancs de Terre-Neuve de nombreux capitaines et près de trois cents hommes d'équipage par an.

La pointe d'Agon, en bordure de l'estuaire de la Sienne, marque la limite sud-ouest du Cotentin*. Un petit phare* construit au milieu du XIXe siècle signale l'accès au havre de Regnéville alors très fréquenté. En 1989, la zone est devenue un espace protégé, achetée par le Conservatoire du littoral ; des fleurs de dunes telles que la spergulaire et le panicaut maritime y poussent tandis que les oiseaux migrateurs y trouvent une nourriture variée et abondante.

About de faîteau Cette expression utilisée par les potiers du Cotentin* désigne la tuile faîtière terminale en bout de faîtage ou sur une lucarne. L'about de faîteau peut recevoir l'embase d'un épi décoratif.

Personnalités : Amédée Mequet, 1832-1907, contre-amiral. Fernand Lechanteur*, 1910-1971, universitaire, philologue, spécialiste des parlers et traditions normands.

GUIDE LOCAL DU SYNDICAT D'INITIATIVE AGON-COUTAINVILLE BLAINVILLE-GOUVILLE PLAGES DE Sport-Pêche-Repos Centre de Tourisme

Jean Thézeloup.

Page de gauche.
La plage d'Agon-Coutainville
à marée montante.

Ci-dessus.
La couverture de ce guide de
tourisme est de Jean Thézeloup,
du groupe *le Pou qui grimpe*.

Alabama En juin 1864, durant la guerre de Sécession, la corvette corsaire* sudiste *CSS Alabama* vient relâcher dans le port de Cherbourg*. Son commandant Raphaël Semmes souhaite y faire des vivres et réparer les dommages subis lors des combats précédents. Depuis deux ans ce navire à propulsion mixte, voile et vapeur, a sillonné les océans et porté des coups très importants à la flotte nordiste en envoyant par le fond soixante-cinq de leurs navires. Le 14 juin, le croiseur nordiste *Kearsage* arrive en rade de Cherbourg bien décidé à mettre un terme à l'action de ce prédateur redoutable.

Le dimanche 19 juin, sous l'œil attentif de milliers de promeneurs venus de Paris pour l'inauguration du casino de Cherbourg*, l'*Alabama* sort de la rade. Les deux navires vont échanger des tirs pendant plus d'une heure. La corvette sudiste, touchée à mort, tente de rentrer à la voile vers Cherbourg mais coule peu après. Vingt-six marins ont péri dans ce combat qui inspira un tableau au peintre Édouard Manet. L'épave de l'*Alabama* a été localisée en 1984, par le chasseur de mines *Circé*, gisant par soixante mètres de fond à environ six milles nautiques de Querqueville. En mai et juin 1988, une première campagne de localisation est entreprise pour examiner les structures du navire. Compte tenu de la violence des courants, les plongeurs ne peuvent travailler qu'à l'heure précise de la renverse de marée, soit seulement trois quarts d'heure par jour. De nombreux objets sont remontés de l'épave dont un canon exposé à la Cité de la mer de Cherbourg-Octeville*. Depuis 2004 la ville de Cherbourg est répertoriée comme site officiel de la guerre de Sécession américaine ; c'est le seul endroit au monde, à l'extérieur des États-Unis, à bénéficier de cette appellation.

Almanach de la Manche Avec sa couverture jaune illustrée d'un colporteur qui semble sorti tout droit du roman d'Hector Malot, *Sans famille*, son format de poche et ses 256 pages, l'*Almanach de la Manche* informe ses lecteurs depuis plus de cent cinquante ans des horaires des marées, des dates des foires et marchés et de la liste des communes du département. Il a également conservé son sous-titre depuis l'origine. Il est : « astronomique, prophétique, historique, anecdotique, véridique et curieux ». Diffusé à 50 000 exemplaires et édité par Brigitte Arnaud, arrière-petite-fille du fondateur de Manche Édition, il reste un guide précieux qui a su intégrer les informations nécessaires aujourd'hui, comme la liste des associations et des administrations et la vie scolaire.

Page de gauche. Une affiche de 1937 réalisée pour attirer les vacanciers dans le Cotentin.

Amiot (Félix) 1894-1974 En 1936, un Amiot 136 bat le record du raid Paris-Saïgon, c'est l'œuvre de Félix Amiot. L'année suivante, l'Amiot 370 remporte tous les records de vitesse, c'est encore lui. Décembre 1969, les vedettes destinées à Israël quittent Cherbourg* en pleine nuit, c'est toujours lui. Que de rebondissements dans la vie de ce Cherbourgeois né en 1894 !

Page de droite.
L'âne du Cotentin
représenté par
Félix Buhot.

Publicité pour les avions
Amiot, *La Revue Maritime*,
août 1931.

D'une guerre à l'autre, l'activité de Félix Amiot est tournée vers l'aviation ; d'abord comme sous-traitant de constructeurs avant de devenir ensemblier et concepteur d'avions. Au lendemain de la Seconde Guerre mondiale, Félix Amiot se détourne de l'aéronautique pour la construction de bateaux de petit tonnage. Les Constructions mécaniques de Normandie sont fondées par l'entrepreneur en 1948 à Cherbourg. Chalutiers, chasseurs garde-côtes, dragueurs de mines, vedettes des douanes sortent du chantier qui, à partir de 1963, honore également des commandes de la Marine nationale.

En 1969 le chantier acquiert une renommée internationale grâce à l'affaire des vedettes* qui va défrayer la chronique pendant de longues semaines. En 1974 la crise conduit Félix Amiot à reprendre la barre de son entreprise, mais il décède dans un hôpital parisien le 21 décembre de cette même année. L'âge d'or du chantier est derrière lui et les crises successives de la construction navale ne l'épargnent pas. De plans sociaux en restructurations, son activité se réduit au fil des années.

Âne du Cotentin C'était l'animal de bât le plus utilisé dans la Hague* comme dans le Val de Saire*. Au début du XXe siècle, on en recensait plus de 3000 dans le Cotentin*. Cet âne que l'on utilisait pour aller traire ou pour aller au marché connaît aujourd'hui

un regain d'intérêt. On l'appelait autrefois « quéton », « bourricot », « ministre », « couiste », en fait, des termes peu aimables. Louis Lévêque qui fut vétérinaire dans le Cotentin puis dans le Bessin le décrit ainsi : « L'âne du Cotentin est un animal de taille moyenne, un mètre vingt, robe gris cendré ou bleuté, croix de Saint-André brune centrée sur le garrot, généreux en oreilles, pauvre en crin. » Reconnu par les haras nationaux depuis 1997 il est aujourd'hui réhabilité, on peut le voir dans la ferme musée du Cotentin à Sainte-Mère-Église*.

Anglo-Normandes (îles)

Appelées également îles de la Manche ou *Channel Islands* en anglais, elles forment un archipel situé à l'ouest du Cotentin*. La plus grande, Jersey (118,2 km²), a dans sa dépendance les Écréhou et les Minquiers ; Guernesey (78 km²) Aurigny, Burhou et Sercq. Plus modestes les îles Lihou, Herm et Jéthou, sans compter nombre d'îlots qui ne se découvrent qu'à marée basse, appartiennent également à cet archipel. Depuis la conquête de l'Angleterre par Guillaume le Conquérant en 1066, les îles Anglo-Normandes sont restées sous la souveraineté du Duc de Normandie, titre des actuels souverains britanniques. Ne faisant pas partie du Royaume-Uni, elles ne sont pas non plus dans l'Union européenne. Partagées en deux bailliages, elles disposent d'une certaine autonomie sauf en ce qui concerne la défense et la diplomatie. Le lieutenant-gouverneur est nommé par le Duc de Normandie (le tenant du titre de la couronne Britannique) sur proposition du gouvernement. Les deux îles principales fondent leur économie sur l'activité bancaire, mais encouragent également le tourisme. Géographiquement et culturellement normandes, elles sont britanniques par la langue : l'anglais y a supplanté le français même si certains noms de lieux ont gardé trace de leur origine.

L'église d'Appeville entourée de son cimetière.

Anquetil (Jacques) 1934-1987 Le grand champion normand n'a que dix-neuf ans quand il remporte contre toute attente en 1953 le Tour de la Manche, une course par étapes qui réunit le gratin des coureurs amateurs français dont les nordistes Louis Deprez et Jean Stablinski. C'est dans l'épreuve du contre-la-montre que Jacques Anquetil se révèle en reléguant très loin derrière les autres coureurs. Première d'une longue série de victoires en courses par étapes.

Appeville Cette petite commune du canton de La Haye-du-Puits* recèle une belle église gothique du XIIIᵉ siècle édifiée par les soins de l'abbaye de Lessay*. De par son style ogival très pur elle incarne « l'expression parfaite du gothique rural du Cotentin* ». C'est un exemple intéressant d'une église sans collatéraux mais avec un transept saillant qui donne un plan de croix latine. L'édifice est surmonté d'une tour lanterne couronnée d'une flèche. À l'intérieur, une Vierge à l'Enfant du XVIIᵉ et un lutrin du XVIIIᵉ bien conservé.

Argenlieu (Thierry d') 1889-1964 19 juin 1940, Cherbourg* vient de capituler. Dans les jours qui suivent, les premiers convois de prisonniers quittent Cherbourg, direction Saint-Lô*. Lors d'une pause, un homme profite du relâchement de la surveillance et s'enfuit ; il se cache dans une grange : son nom, Thierry d'Argenlieu. Après la Première Guerre mondiale, cet officier est entré dans les ordres au carmel d'Avon-Fontainebleau sous le nom de Louis de la Trinité. Troquant ses vêtements militaires contre des vêtements civils il attend la tombée du jour pour trouver refuge chez des amis, à la *Villa Clémentine*, sur la route de Carteret*. Prenant connaissance de l'appel du général de Gaulle depuis Londres, il n'a de cesse de le rejoindre. Un pêcheur, Émile Valmy, prend le risque de l'emmener à son bord : destination l'île de Jersey. Dans la nuit du 25 juillet 1940, un dernier bateau quittait Jersey pour l'Angleterre avec, parmi les passagers, le futur amiral. Thierry d'Argenlieu reviendra à Carteret le 13 juillet 1944, la veille de présider à Cherbourg la revue du 14 juillet. En grande tenue, accompagné par plusieurs officiers de son état-major, il prend le temps de passer à la *Villa Clémentine* puis chez Émile Valmy qui découvre alors qui était son passager d'un jour. Après avoir été haut-commissaire en Indochine de 1945 à 1947, puis chancelier de l'ordre de la Libération, il est retourné en religion en 1955. Il s'est éteint en 1964 au carmel du Relecq-Kerhuon.

Armoire normande La maîtrise du travail du bois héritée des Vikings* s'est perpétuée en Cotentin* où les menuisiers savaient parfaitement comment fendre une bille en suivant les rayons du tronc afin d'obtenir des panneaux aux veinures de nuances diverses. Le sciage devait s'effectuer de façon à faire ressortir la veine du bois que les menuisiers appellent moire. C'est du reste dans la Manche qu'apparaît au début du XVIIᵉ siècle la pièce maîtresse du mobilier normand, l'armoire. Dans la tradition normande, le bois qui devait être utilisé pour fabriquer une armoire devait être abattu l'année de la communion de la fille et l'armoire fabriquée quelques mois avant son mariage.

Dans le Cotentin*, chaque région apporte de légères modifications qui en facilitent l'identification. L'armoire de Cherbourg* est haute sur pied, avec un grand tiroir sculpté dans le bas, et parfois dans l'ornementation une touche d'exotisme qu'ont rapportée des marins à leur retour au pays. Les armoires de Montebourg* sont souvent en chêne clair avec un important fronton tandis que les Coutançaises ont des corniches extrêmement travaillées. La colombe est un des motifs décoratifs que l'on rencontre sur le fronton d'une armoire. Il y en a deux pour symboliser la vie de couple et une quand la jeune fille a décidé de devenir religieuse.

Aster L'aster est bien connu dans les jardins pour ses qualités décoratives et sa rusticité. C'est aussi une plante du bord de mer qui pousse dans les dunes et dans les havres donnant en été des fleurs aux coloris variés.

Astronomie À Tonneville, dans la Hague*, Ludiver et son planétarium attendent les promeneurs pour un voyage initiatique parmi les

étoiles. Chaque été une passionnante Nuit des étoiles y est organisée avec des modules parfaitement adaptés au jeune public. La Manche est la patrie de l'astronome Urbain Le Verrier*, directeur de l'observatoire de Paris, et d'Emmanuel Liais* qui conseilla à Camille Flammarion* de séjourner à Diélette pour y rédiger son *Histoire du Ciel* Éditions Hetzel, 1872).

Auderville Ultime commune du Finistère normand, la commune d'Auderville est largement entourée par la mer et balayée par les courants du raz Blanchard. Elle a été chantée par le poète Charles Frémine*,

> « Au-dessus des toits et des cheminées
> Écornées,
> La Manche roule là-bas
> Dans le raz
> Son écume et son fracas. »

Sur son territoire se trouve le port de Goury* avec sa station de sauvetage, son phare en mer et son sémaphore implanté au nez Bayard entre 1860 et 1863. Il a servi aux premières

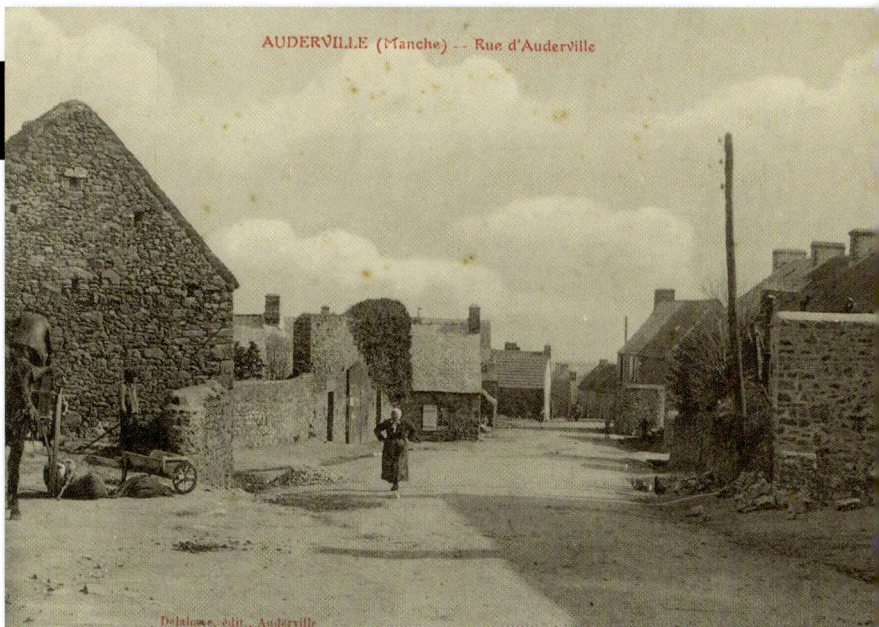

Le bourg
d'Auderville
au début
du XXe siècle.

Page de gauche.
Détail des sculptures
d'une armoire
normande.

expériences de Branly pour les transmissions par TSF. Durant la Seconde Guerre mondiale, les Allemands avaient implanté deux batteries ainsi qu'un long souterrain pour y stocker des munitions. Ce souterrain sera le dernier point de résistance de l'occupant dans la presqu'île puisqu'il ne se rendra que le 30 juin 1944 au 39e régiment d'infanterie US.

L'endroit, comme une partie de la Hague*, a conservé un charme authentique et discret. Il a acquis une notoriété certaine avec le documentaire *Paul dans sa vie*, tourné en 2003 par Rémi Mauger sur des images de Guy Milledrogues, consacré à des entretiens avec l'agriculteur Paul Bedel*. Le roman de Claudie Gallay, *Les Déferlantes*, grand succès de librairie, a dévoilé les charmes de ce pays.

Azeville Dès le 6 juin 1944, cette batterie allemande, qui est l'une des premières constructions du mur de l'Atlantique en France, se trouve au cœur de la bataille. L'occupant y a réalisé une véritable place forte avec ses quatre canons Schneider de 105 mm. Les batteries d'Azeville*, de Crisbecq et de Varreville pèsent sur les premiers jours du Débarquement*. Les forces alliées devront les contourner avant de s'en emparer le 9 juin après d'intenses combats, avec le soutien du cuirassé *Nevada* et de ses canons de 356.

La visite de ce site, avec ses casemates, ses souterrains, aide à mieux comprendre ce qu'ont ressenti les 170 défenseurs allemands devant cette formidable armada qui s'étalait sous leurs yeux.

La batterie d'Azeville.

Le port de Barfleur à marée haute.

aBc

Baie des Veys Large de six kilomètres et profonde de huit, la baie des Veys sépare le Calvados de la Manche. Autrefois les Veys correspondaient aux deux gués qui permettaient de passer du Bessin au Cotentin* en traversant une vaste zone marécageuse. Guillaume le Conquérant a emprunté ce passage en 1046 lors de sa fuite de Valognes* pour échapper aux menaces des barons du Cotentin. Au fil du temps, cette zone est devenue propice à l'élevage ; par ailleurs la navigation s'y est développée au début du XIXe siècle avec le canal qui reliait la Vire à la Taute.

Partie intégrante du parc naturel régional des marais du Cotentin et du Bessin, cette zone privilégiée accueille des milliers de limicoles et de canards durant l'hiver en leur offrant nourriture et calme. C'est une zone protégée pour des espèces végétales peu courantes telles que l'épipactis des marais, l'orchis à fleurs lâches ou l'ophioglosse, nommée aussi langue de serpent.

En bordure de la voie rapide, le manoir de Cantepie constitue un ensemble pittoresque dont la disposition annonce déjà les constructions du Bessin.

Baleine Le Cotentin* était jadis un centre vivant de la chasse à la baleine. Aux XIe et XIIe siècles, les baleines étaient suffisamment nombreuses en Manche pour justifier l'existence de baleiniers professionnels et d'un droit coutumier s'y rapportant. Une charte octroyée en 1055 en faveur de religieux rappelle : « Nous voulons qu'il soit connu de tous que moi, Guillaume, par la grâce de Dieu, comte des Normands, je concède à droit perpétuel aux moines qui servent Dieu sous l'abbé Albert dans le monastère de Marmoutier la langue entière d'une baleine dans le comté du Cotentin... » Les villageois se réunissaient ensuite pour dépecer la bête. La pêche à la baleine dans des mers plus lointaines est restée active en Normandie jusqu'au milieu du XIXe siècle principalement au Havre et accessoirement à Granville et à Cherbourg*.

Échouage d'un cétacé
dans la baie de Morsallines,
gravure du XIXe siècle.

Le banc d'angle
au Musée de la ferme,
à Sainte-Mère-Église.

Banc d'angle Dans les fermes du Cotentin*, le banc d'angle est placé entre la cheminée et le mur percé d'une fenêtre. Derrière ce banc, un petit placard à deux portes creusé dans le mur marque l'endroit dit « bout de table », réservé au maître de maison. Celui-ci avait accès à ce rangement où étaient enfermées la bouteille d'eau-de-vie et la boîte à sucre. De cet endroit, il pouvait distinguer qui entrait dans la cour de la ferme et déclenchait les aboiements du chien.

Banne à tangue La tangue* a longtemps été considérée comme un excellent moyen d'amender les sols à une époque où l'on ne connaissait pas les engrais chimiques. La banne à tangue est donc un tombereau amélioré en fonction du travail à effectuer, charrier de la tangue de la mer à la ferme. L'intérieur du tombereau était cintré afin d'en faciliter l'évacuation. À l'avant, un coffre baptisé « éclypot » permettait de ranger la collation des travailleurs et l'avoine des chevaux. La tangue du havre de Lessay* était très appréciée et l'on venait de loin en chercher. Le mot est à rapprocher du mot « banneau » qui localement désigne un tombereau.

Baratte Le premier type de baratte utilisé dans les fermes était vertical ; il fallait manier le « turet » qui battait la crème dans la baratte posée sur le sol. La baratte tonneau mue à la main ou à l'énergie électrique permettait de traiter des volumes plus importants de crème. Quand le beurre prenait, un adulte relayait l'enfant qui avait commencé le travail. A contrario, la baratte tonnelet se posait sur la table et on tournait la manivelle qui actionnait le mouvement de quatre palettes en bois; elle convenait à de toutes petites exploitations agricoles.

Barbey d'Aurevilly (Jules-Amédée) 1808-1889 Ce grand écrivain du XIXe siècle demeure incontournable à qui veut comprendre, sentir et vibrer au rythme du Cotentin*. Jules-Amédée Barbey d'Aurevilly est né le 2 novembre 1808 à Saint-Sauveur-le-Vicomte* dans la maison de son oncle, le chevalier de Montressel, qui occupait une belle demeure du XVIIIe siècle. Il est le premier d'une lignée de quatre garçons. À dix ans le jeune garçon vient s'installer à Valognes* chez son oncle, le docteur Pontas du Méril, et suit ses études au collège. En 1825 il entre au collège Stanislas à Paris puis s'inscrit à la faculté

Barattes à beurre en bois.

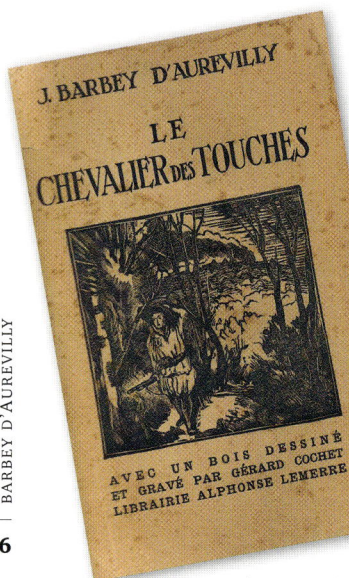

L'écrivain Jules Barbey d'Aurevilly a, tout au long de son œuvre, évoqué son Cotentin natal, y situant la plupart du temps ses romans.

de droit à Caen. Licence en poche, il repart à Paris et commence une modeste carrière dans le journalisme. En 1851 paraît *Une Vieille Maîtresse* suivie par *L'Ensorcelée*. Accueil très réservé de la part de la critique avant que Baudelaire n'apprécie l'ouvrage, ce qui réconforte notre auteur. Après la mort de sa mère, Barbey en froid avec sa famille reste six longues années avant de revenir en Cotentin. Ses relations avec son père reprennent un cours plus normal jusqu'au décès de ce dernier le 15 mars 1868. C'est d'ailleurs à son père qu'il dédie *Le Chevalier des Touches* : « Que de raisons mon père, pour vous dédier ce livre qui vous rappellera tant de choses dont vous avez gardé la religion dans votre cœur ! [...] Au lieu de rester, ainsi que vous, planté et solide comme un chêne dans la terre natale, je m'en suis allé au loin, tête inquiète, courant follement après ce vent dont parle l'Écriture, et qui passe, hélas, à travers les doigts de la main de l'homme, également partout [...] »

Pendant la guerre de 1870, Barbey retrouve Saint-Sauveur-le-Vicomte* et la maison de famille bien triste et sans chaleur. De retour à Paris, il retrouve pour quelques années l'agitation de la capitale et plus encore : Barbey est au cœur du scandale des *Diaboliques*. Quelques extraits de la presse de l'époque suffisent à en rendre compte : « Ces *Diaboliques*, écrites à l'encre rouge, dans une vieille tour de manoir, sur les grèves de la Manche [...] », peut-on lire dans *Paris-Journal*. Et sous la plume d'un autre journaliste : « *Les Diaboliques* ! Ce livre est bien nommé, il y a dans cette œuvre un esprit d'enfer [...] et de plus, une influence satanique, dissolvante et malsaine, souffle le vent de la corruption à travers les pages admirablement écrites d'ailleurs par Barbey d'Aurevilly. »

Procès et procédures vont se succéder pendant des années avant que Barbey ne retrouve un peu de sérénité. Il poursuit la publication des nombreux volumes des *Œuvres et des Hommes* et consacre du temps à corriger les textes de ses romans qui sont désormais réédités régulièrement. Barbey fera chez son ami François Coppée la rencontre de Louise Read, une femme cultivée qui vit seule. Au fil du temps elle devient sa collaboratrice, le déchargeant de tâches de la vie courante. C'est elle qui sera à son chevet lors de ses derniers instants le 23 avril 1889 à son domicile au 25, rue Rousselet à Paris. L'écrivain sera inhumé au cimetière Montparnasse avant que ses cendres ne soient transférées dans son village natal le 23 avril 1926. Entre-temps un musée qui lui est consacré a été inauguré à Saint-Sauveur-le-Vicomte, musée qui subit de nombreux dégâts à la suite des bombardements de 1944. Un jeune de la commune, Pierre Leberruyer, met alors toute son énergie à sauver ce qui peut l'être et jouera un rôle essentiel pour la sauvegarde de la mémoire de l'écrivain.

Que ce soit avec *Les Diaboliques*, *L'Ensorcelée* ou *Un prêtre marié*, Barbey a chanté sa terre natale dont il s'est éloigné durant quelques années en y situant le cadre de ses histoires à la fois terribles et magnifiques dans lesquelles son style flamboyant a donné libre cours à son souffle puissant. Il a créé le roman de terroir tout en lui donnant une dimension universelle tant ses personnages vivent des drames d'une dévorante intensité.

Cependant nul autre que lui n'a su décrire avec autant de force la lande de Lessay* : « [...] Qui ne sait le charme des landes ? [...] Ce désert normand où l'on ne rencontrait ni arbres, ni maisons, ni haies, ni races d'hommes ou de bêtes que celles du passant ou du troupeau du matin dans la poussière, s'il faisait sec, ou dans l'argile détrempée du sentier, s'il avait plu, déployait une telle grandeur de solitude et de tristesse désolée qu'il n'était pas facile d'oublier [...] », *L'Ensorcelée*, Paris, 1855.

« Ce petit noble d'une petite ville du Cotentin », pour reprendre l'expression de Maurice Barrès, était controversé en son temps. D'un aspect hautain, cet écrivain qui aime les femmes mais ne se marie pas, prône le dandysme, goûte l'alcool et la solitude. Un journaliste du *Figaro* le peignait ainsi : « Il est grand et svelte : d'un port d'hidalgo, le pas délibéré et frappant du talon, le nez au vent, roidement campé sur ses jambes, il regarde les gens par-dessus la tête et les soldats par-dessus la baïonnette ; tout le monde le remarque, il ne remarque personne, mais de temps à autre il examine le visage des femmes ou leurs bottines. »

Barfleur Classée parmi les plus jolis villages de France, cette commune du canton de Quettehou* ne compte que 642 habitants. Elle est pourtant de fondation très ancienne, successivement port romain puis viking, avant de poursuivre son essor jusqu'au début du Moyen Âge. Un médaillon de bronze fixé sur un gros rocher rappelle que c'est un marin de Barfleur, Étienne, fils d'Airard, qui eut l'honneur de piloter le navire du duc Guillaume en 1066 durant sa traversée vers

l'Angleterre. En 1346, la ville qui compte plusieurs milliers d'habitants est brûlée par les Anglais et le port détruit.

Pendant les guerres de Religion, Barfleur sert de refuge aux Ligueurs. En rétorsion, les dernières fortifications sont rasées. L'endroit perd tout intérêt stratégique et la bourgade ne compte plus que 500 habitants.

Entre 1842 et 1870, les quais et les jetées du port sont reconstruits, offrant ainsi un abri plus sûr aux nombreux bateaux qui pratiquent la pêche côtière, la pêche aux huîtres et le cabotage.

Le bateau de pêche traditionnel de Barfleur s'appelle le bautier. Gréé en cotre, il offre une coque fine, allongée par un arrière en voûte. Les patrons pêcheurs qui pratiquaient le métier de la corde ou baut sur laquelle sont montés des bas de ligne réclamaient des bateaux disposant de remarquables qualités manœuvrières. Un superbe témoin de ces embarcations n'est autre que la *Marie-Madeleine*, construite en 1934 chez Pierre Bellot, désormais classée monument historique.

Matelots sur le quai
Henri-Chardon à Barfleur.

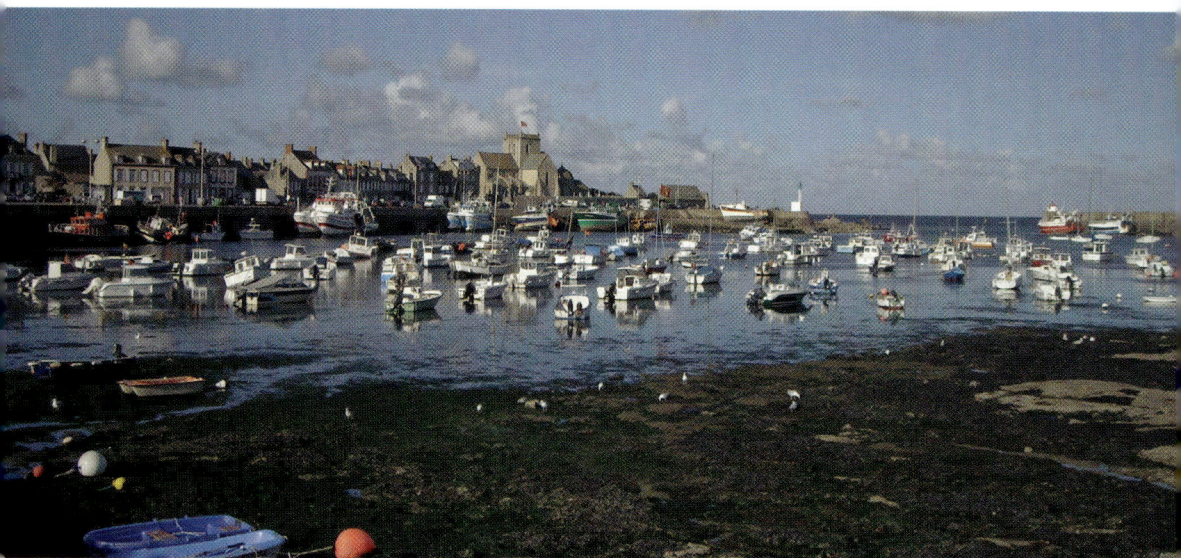

Massive, ramassée sur elle-même, l'église Saint-Nicolas, détruite en 1592, reconstruite aux XVIIe et XVIIIe siècles et achevée en 1853, surprend le visiteur qui la découvre à l'extrémité du port. Construite en granit, elle paraît défier le temps et les tempêtes. Au cœur de son cimetière marin, elle veille sur le bourg, sur le port et semble l'ultime rempart des habitants contre les fureurs de la mer.

La station de sauvetage est un autre emplacement symbolique, elle est la première station implantée par la Société centrale de sauvetage des naufragés en avril 1865. Le choix de l'endroit s'imposait car les courants sous Gatteville rendent ce secteur particulièrement dangereux pour les navires qui remontent vers Le Havre, Londres et les ports de l'Europe du Nord. Depuis cent cinquante ans, le miracle de la solidarité se reproduit : il y a des volontaires pour armer le canot. Situé au bout du quai, l'ancien abri du canot de sauvetage *Crestey et Sauvé* accueille les visiteurs. Mis en service en mars 1955, ce canot porte le nom de deux sauveteurs barfleurais qui ont péri durant la nuit du 19 au 20 décembre 1893 en portant secours à un navire de pêche à bord du canot de sauvetage *Sophie et Jeanne*

de Saint-Faron dans des conditions de navigation difficiles. Un mois plus tôt, le canot de Barfleur était sorti à cinq reprises du 19 au 21 novembre sauvant d'une mort certaine cinquante-six marins.

Barfleur se découvre aussi en parcourant les petites rues derrière le quai Henri-Chardon, et en allant assister au retour des chalutiers avec leur chargement de moules, la fameuse blonde de Barfleur*.

Personnalités : curé de Barfleur, Saint-Romphaire est devenu évêque de Coutances* en 566. Homme courageux, il présida les obsèques de l'évêque de Rouen assassiné dans sa cathédrale. Une commune de la Manche porte son nom. Henri Chardon (1861-1939), né à Saint-Lô*, passait régulièrement ses vacances à Barfleur ; écrivain et artiste, il appartenait à l'Académie des sciences morales et politiques. Abbé Charles Birette (1878-1941), historien du Val de Saire*. Alfred Rossel* (1841-1926), auteur de chansons folkloriques toujours interprétées lors des fêtes de village. Sa chanson « Su la mé » est devenue en quelque sorte l'hymne du Cotentin et de tous ceux qui sont attachés à ce pays.

Page de gauche.
Vue panoramique du port
de Barfleur à marée basse, en arrière
plan, l'église Saint-Nicolas.

Ci-dessus. Le port de Carteret
est un havre aménagé sur la côte
ouest du Cotentin.

Barneville-Carteret Station balnéaire familiale et port de pêche actif pour la coquille Saint-Jacques et les crustacés, elle est située sur la côte ouest du Cotentin* en face de l'île de Jersey. Les deux communes ont fusionné en 1964 pour réunir leurs atouts balnéaires et portuaires.

Les seigneurs de Carteret, également seigneurs de Jersey, choisirent leurs possessions insulaires lors du rattachement de la Normandie à la France en 1204. Simple havre accueillant des bateaux de cabotage, le port a été aménagé au XIXᵉ siècle et dispose d'un bassin à flot. L'activité balnéaire s'est développée avec l'arrivée de la ligne de chemin de fer mise en service en 1894 et desservie depuis la gare Saint-Lazare à Paris.

La sécurité des usagers de la mer est assurée par une station de sauvetage créée en 1886 et dotée aujourd'hui d'une vedette de première classe SNS 143 *Les Trois Grunes*.

Le cap de Carteret est doté d'un phare mis en service en 1839. Il s'élève à 15 mètres au-dessus du sol et à 80 mètres au-dessus de la mer. Sa portée est de 18 milles. À proximité subsistent les ruines de la vieille église Saint-Germain, un des évangélisateurs du Cotentin*. Sous le phare, la grotte du dragon et le trou au serpent se rattachent aux légendes locales. Saint Germain aurait anéanti un dragon qui terrorisait les populations. L'écrivain Barbey d'Aurevilly* séjourna au manoir de Carteret à plusieurs reprises. Il en a fait « le nid d'Alcyon » dans son roman *Une vieille maîtresse* : « C'était l'heure du flux ; la mer arrivait, et très vite ; elle arrivait sur toute la ligne immense qui va de Carteret à Portbail, mais sinueusement, non d'une seule venue et en ligne de bataille, comme je l'ai vue souvent, mais par pointes, se bombant ici, se creusant là, dessinant sur le sable des anses mobiles. » Depuis Barneville au pont de la Roque, en suivant la côte des havres, les églises du littoral ont été fortifiées pendant la guerre de

LES BELLES PLAGES NORMANDES

Barneville-sur-Mer (Manche) la plage idéale. — Le Boulevard maritime - The Boulevard maritime

Le boulevard Maritime à Barneville au début des années 1950.

Cent Ans. Véritables tours de guet, certaines sont dotées de mâchicoulis ou d'un parapet crénelé et d'un chemin de ronde avec balustrade. La tour massive du clocher de Barneville a été surélevée afin de résister aux assauts des Anglais. La cité a été libérée par les Américains le 18 juin 1944 à l'issue d'une progression périlleuse depuis Utah Beach* vers la côte ouest du Cotentin*.

En 1948 le metteur en scène Yves Allégret a posé ses caméras à Barneville pour tourner son film, *Une si jolie petite plage*, avec pour vedettes Gérard Philippe et Madeleine Robinson, Julien Carette et Jean Servais.

Une barrière à pierre percée.

Comme l'écrit *Cinémonde*, « la si jolie petite plage s'étend à perte de vue de Carteret à Portbail. C'est beau et un peu sinistre [...] On tourne en juin, mais l'action du film se situe en novembre, alors la pluie est la bienvenue. »

Personnalités locales : Marie-Louise Giraud (1903-1943), dernière femme guillotinée en France. Arrêtée à l'automne 1942 pour avoir pratiqué des avortements clandestins, elle est jugée, accusée d'homicide involontaire et condamnée. L'exécution eut lieu dans la cour de la prison de la Roquette le 30 juillet 1943. Dans un tout autre domaine, on recense aussi Jeanne Le Calvé*, plus connue sous le nom de Mère Denis par les publicités d'une célèbre marque d'électroménager.

Barrière C'est un élément typique du monde rural en Cotentin* que cette barrière en bois, avec une barre en bois placée en diagonale appelée « lachet ». L'élément principal appelé « talon » part du poteau vers le sol. Autrefois ce talon était glissé dans des pierres percées en granit d'où le nom de barrière à pierres percées donné à ce système que l'on rencontre principalement dans le canton de Beaumont-Hague*.

Bataille de la Hougue

Au printemps 1692, Louis XIV s'engage à rétablir sur son trône d'Angleterre Jacques II Stuart, son catholique cousin. Une opération maritime est préparée afin de débarquer 20 000 hommes sur les côtes anglaises. Les instructions royales transmises par Pontchartrain, secrétaire d'État à la Marine, à l'amiral Tourville* commandant la flotte, sont très directives : « Après être sorti de Brest, sa Majesté veut qu'il entre sans perdre de temps dans la Manche […] Sa Majesté veut qu'il mouille en la rade de la Hougue où il embarquera toute l'infanterie […] Sa Majesté veut qu'il aille aux côtes d'Angleterre pour y faire débarquement […]. » « Sa Majesté veut », l'expression est utilisée dix fois dans cette lettre et Louis XIV ajoutera même un post-scriptum de sa main royale : « Je vous ordonne de livrer bataille quelque inférieurs que puissent être nos vaisseaux à ceux de l'ennemi. »

Anne-Hilarion de Cotentin, comte de Tourville, et ses 44 vaisseaux quittent la rade de Brest le 12 mai 1692. Le 28 mai, sur une Manche noyée de brume, alors que la flotte française se dirige vers la Hougue pour embarquer les renforts de Jacques II, la flotte anglo-hollandaise forte de 99 vaisseaux se présente. La bataille commencée au large de Barfleur* dès le matin est indécise, mais le rapport des forces trop défavorable aux Français incite Tourville à donner l'ordre de repli à Saint-Malo et à Brest. Les courants du raz Blanchard empêchent un certain nombre de navires de rallier les ports bretons ; poursuivis par la flotte anglaise ils s'échouent à proximité de Cherbourg* où les ennemis les mettent à feu. Les Français ont perdu 15 bâtiments dont le *Soleil Royal*, navire amiral. Cette défaite anéantit l'espoir des Stuart de reconquérir le trône d'Angleterre.

Le désastre de la bataille de la Hougue décida Louis XIV et Vauban à fortifier Cherbourg.

Batterie de sarrasin Il existait, jusqu'à l'arrivée de la mécanisation, trois procédés pour séparer le grain de la paille du sarrasin* : le dépiquage par piétinement animal, l'égrenage en frappant la gerbe contre un corps plus dur et le battage à l'aide du fléau et du van. Les hommes qui participaient à cette corvée étaient placés sous l'autorité du « galissou » qui présentait les gerbes appelées « binots », « gavelots » ou « buhots ». Le battage se faisait sur une grande toile étendue dans la cour de la ferme. Les participants abattaient leurs fléaux en cadence. Un fléau comprend trois éléments : le manche appelé parfois maintien, le lacet de cuir ou « couplière » et la verge, partie en contact avec le grain.

Depuis 1994, le groupe folklorique « Les Battous du Cotentin » perpétue la tradition du battage au fléau dans la plus pure tradition. Cette association a restauré de vieux outils en bois et fabrique à nouveau les outils du temps passé en choisissant les matériaux usuels et en employant les techniques de fabrication d'autrefois.

Les « Battous du Cotentin »
en pleine reconstitution du battage
à l'ancienne du sarrasin.

Baupte Cette commune du parc des marais du Cotentin et du Bessin est située dans le canton de Périers* et ne compte que 422 habitants.

L'ancien prieuré était une dépendance de l'abbaye de Saint-Étienne de Caen qui s'y implanta sous le règne de Guillaume le Conquérant. Cet ensemble constitue un bon

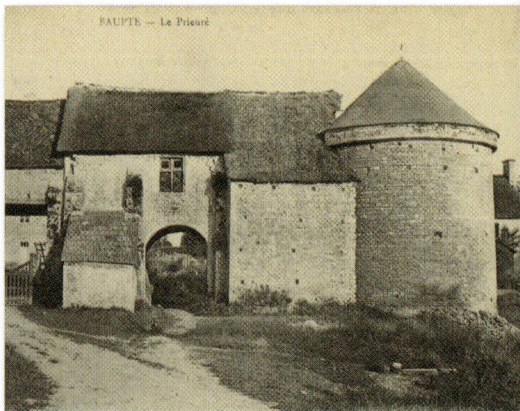

exemple des domaines fonciers d'un prieuré. Il comprend encore un logis et une porterie datant de la fin du Moyen Âge, et des bâtiments agricoles remaniés au fil du temps. La chapelle a disparu à la Révolution.

Beaumont-Hague Ce chef-lieu de canton situé dans l'arrondissement de Cherbourg* s'est beaucoup développé depuis les années 1960 avec la création du centre de retraitement des déchets atomiques de la Hague*. Le canton qui ne comptait plus que 7 410 habitants en 1900 en compte aujourd'hui 10 879. Le manoir de la Madeleine du XIVe siècle a été transformé en ferme au XIXe siècle. Il est typique d'une construction datant de l'époque de la guerre de Cent Ans.

Personnalités : Henri Néel (1903-1985), une des grandes plumes du *Figaro*.

Page de gauche. Le prieuré de Baupte.

Ci-dessous. Le château des comtes de Beaumont, construit en 1597 a été en partie détruit en 1944 puis restauré.

LA BASSE NORMANDIE PITTORESQUE

1161. - BEAUMONT-HAGUE. - Le Château (Ancienne résidence des Comtes de Beaumont)

Bedel (Paul) Cet agriculteur d'Auderville*, né en 1930, serait resté anonyme si un réalisateur, enfant du pays, ne lui avait consacré un documentaire diffusé sur France 3 en 2005 puis au cinéma. *Paul dans sa vie*, réalisé par Rémi Mauger, a été filmé en 2003, année où Paul décidait de prendre sa retraite. Âgé alors de soixante-quinze ans, ayant toujours vécu dans la ferme familiale avec ses deux sœurs, il a toute sa vie élevé ses vaches et vendu son beurre sans céder aux sirènes de la modernité. Aujourd'hui, à l'heure où l'agriculture biologique se développe, son expérience apparaît comme une référence de développement durable. Par la suite Catherine École-Boivin, biographe et romancière originaire de la Hague*, lui a consacré deux ouvrages, *Paul dans les pas du père* en 2007 puis *Testament d'un paysan en voie de disparition* en 2009. « Je suis heureux avec rien, avec rien de ce qui s'achète mais aussi avec rien de ce qui se voit, je suis heureux dans ma vie qu'on m'a donnée », écrit Paul Bedel dans ce dernier ouvrage aujourd'hui traduit en allemand.

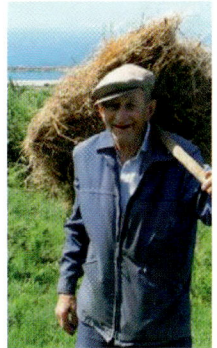

Benoistville C'est en 1904, dans un ancien moulin sur la Diélette, sur cette commune du canton des Pieux*, que fut installée la première coopérative laitière de Normandie. Auparavant les fondateurs avaient mené une étude en Charente-Maritime où ce type de structure existait déjà, puis au Danemark en compagnie du président du syndicat des agriculteurs de la Manche. L'aventure démarrait avec 126 coopérateurs pour atteindre le chiffre de 850 après la Seconde Guerre mondiale quand les autres coopératives n'en comptaient que 300. Devant les bons résultats obtenus à Benoistville, d'autres coopératives se créent dans le Cotentin*, à Tocqueville en 1907, à Gréville* en 1908,

Le petit bourg de Benoistville
qui abrita la première
coopérative laitière.

à Sainte-Mère-Église* en 1909. À partir de 1918 ce sont les Établissements Grillard, avec à leur tête Marcel Grillard*, qui assurent pendant plus de trente ans la commercialisation des produits. Cette laiterie fermera dans les années 1960 comme beaucoup d'autres qui se regrouperont au sein d'Ucalma, Union des coopératives agricoles et laitières de la Manche, qui s'implanter à Sottevast en 1963. L'église, belle construction du XIIIe siècle, abrite de superbes statues classées.

Bernache cravant

Cette oie sauvage, *branta bernica bernicla*, originaire du nord de l'Europe, vient souvent migrer vers des cieux plus cléments durant la mauvaise saison. Elle se repose souvent dans les zones marécageuses du Cotentin* où elle se nourrit de zostères avant de reprendre son voyage vers le sud. Quand on les observe, on peut différencier les jeunes bernaches de l'année par les lignes blanches qui tranchent sur le noir des ailes. Elle appartient à la famille des anatidés.

Bertin (Émile) 1840-1924

Brillant ingénieur naval, Émile Bertin, né à Nancy, a résidé à titre professionnel à Cherbourg*. À la demande du gouvernement japonais il a séjourné quatre ans au Japon (1886-1890) afin de créer la marine militaire japonaise de l'ère Meiji, l'objectif final étant de tenir tête aux forces russes et chinoises. Membre de l'Académie des sciences, il est l'auteur de nombreux traités scientifiques. À l'heure de la retraite, Émile Bertin est venu se retirer à La Glacerie, à proximité de Cherbourg*.

Beuve (Louis) 1869-1949

Né à Quettreville-sur-Sienne dans le canton de Montmartin-sur-Mer le 21 décembre 1869, Louis Beuve part travailler à Paris comme commis de librairie. Il publie son premier article dans l'hebdomadaire *L'Union normande*. En 1897 il crée avec François Enault* une association normande, le *Bouais Jan**, et la revue du même nom qui paraîtra jusqu'en 1906, pour faire vivre auprès de ses compatriotes exilés l'esprit du pays. Il revient en Normandie pour prendre la direction du *Courrier*

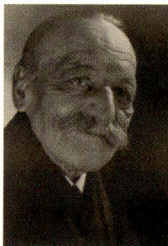

de la Manche. Après la destruction de Saint-Lô* en 1944 il se retire dans son pays natal. Il a écrit en patois ou en français de nombreux poèmes mis en musique et sitôt adoptés dans les assemblées de village. Certaines de ses poésies constituent de véritables scènes de la vie paysanne, parfois teintées de tristesse ou de mélancolie, à l'image de *La Graind'lainde de Lessay* ou fort poignante comme *La Vendeue*. Ses chansons sont, comme l'écrit Remy de Gourmont, de véritables tableaux de mœurs qui transportent le lecteur ou l'auditeur au milieu des paysans. Dans son roman inachevé, *La Lettre à la morte*, il voulait exprimer sa conception d'une Normandie forte et puissante. La mort ne lui a pas laissé le temps de mener ce projet à son terme. Ses vingt et un fascicules de poésie patoisante ont été regroupés et publiés en 1950 à l'initiative de Fernand Lechanteur* sous le titre *Œuvres choisies*. L'ouvrage a été préfacé par Jean de Saint-Jorre. Il ne se trouve que chez les bouquinistes qui disposent d'un beau fonds normand. Comme le soulignait Jean Mabire, « être né le jour du solstice d'hiver et mourir le jour du solstice d'été, quel symbole pour un homme qui avait fait du mythe viking la raison d'être de sa vie… »

Bijoux normands La croix Jeannette, le bijou du Saint-Esprit et la croix de Saint-Lô* étaient offerts aux jeunes femmes à l'occasion de leur mariage. Le premier était en or, les autres en argent agrémentés de petites pierres du Rhin. Le bijou du Saint-Esprit représentait une colombe, ailes largement déployées.

Cette élégante en tenue traditionnelle arbore une superbe croix Jeannette.

Le biscuit à soupe, dur comme du caillou.

Biscuit à soupe Ce produit traditionnel se trouve chez tous les vrais boulangers de la presqu'île. Dur comme du caillou, ce pain rond que l'on casse ou que l'on coupe en morceaux apporte à la soupe une belle couleur de pain brûlé et lui donne de la consistance.

La bisquine est le bateau emblématique de la côte ouest du Cotentin.

Bisquine Ce bateau traditionnel de la côte ouest du Cotentin* et de la baie du Mont-Saint-Michel s'est offert une nouvelle jeunesse avec le lancement de *La Granvillaise*, reprenant les plans de la *Rose-Marie* dessinés par Louis Julienne en 1899. La bisquine possède la surface de voile la plus impor-

tante de tous les navires côtiers de France. Puissante et rapide, elle servait au dragage des huîtres dites pieds-de-cheval, activité florissante du XVIᵉ siècle à la fin du XIXᵉ. Roger Vercel, dans son roman *La Caravane de Pâques*, nous en restitue l'image : « Sur la mer calme et gris d'argent que soulevaient à peine des houles larges et lentes, les bisquines s'enlevaient avec une ampleur de frégates. L'éclatante géométrie des voiles progressait dans l'air pâle, comme un défilé d'étendards. Elles gardaient, dans leurs courbures, des creux d'ombres chaudes… »

Biville L'église d'architecture gothique a été profondément modifiée au XXᵉ siècle afin d'accueillir les pèlerins de plus en plus nombreux qui venaient vénérer les reliques du bienheureux Thomas Hélye* chaque 19 octobre. Les travaux durèrent de 1922 à 1928 ; elle fut alors consacrée par monseigneur Louvard, évêque de Coutances*.

L'église de Biville abrite les reliques du bienheureux Thomas Hélye, qui font l'objet d'un pèlerinage.

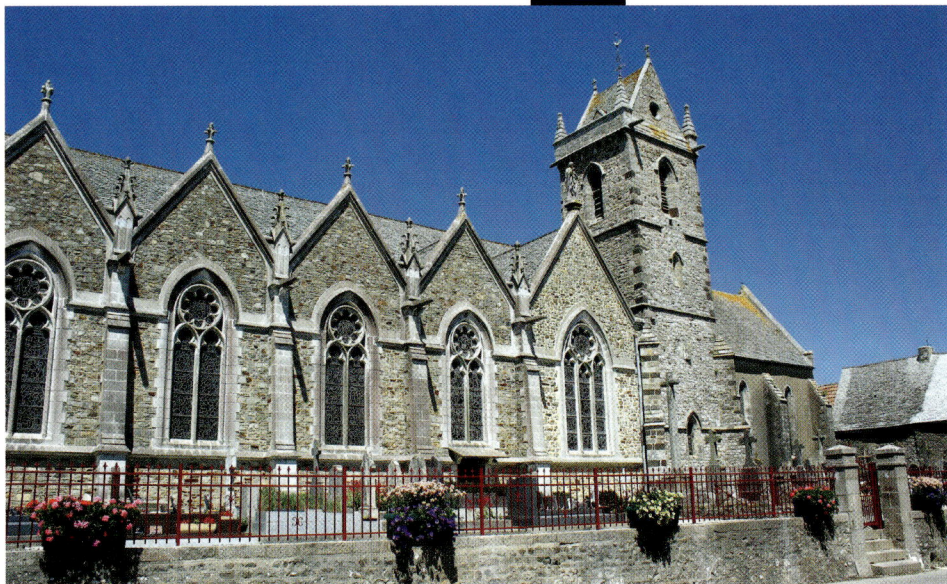

Dalle funéraire
des abbés
de Blanchelande.

Blanchelande (abbaye de) Aujourd'hui propriété privée, l'abbaye de Blanchelande faisait partie avant la Révolution des neuf abbayes appartenant en Normandie à l'ordre des Prémontrés. Elle a été fondée en 1154 sur la commune de Neufmesnil par Richard de La Haye-du-Puits* et son épouse, Mathilde de Vernon, dame de Varenguebec*, à la suite d'un vœu. Fait prisonnier en traversant la Manche, Richard parvient à s'évader :

Cui successit Henricus frater
eius & regnauit annis xxxvi.
Hic erat pastor ferax & custos
memor fuit & sapiens & stre
nuus Dux normannie que
aduersinus ambrosius Leonem iusticie
in historia Regum nomauit fecit qz em
iudicium & iusticiam in terra Duxit qz
vxorem generosam & optimam de
nobili genere anglorum & Scotorum p
quam multum sibi confederauit reg
num scilicet filiam principis sui Alba
nie vita & morbz ornatam sororem
scilicet Alexandri principis sui Scotie
& Dauitis Scotie qui postea fuit princeps
Albanie. Cui vero Rex Henricus prefa
tus dedit honorem de Huntingdon
cum Matilda cognata sua que erat
vxor prius principis Simonis de Seenliz
comitis de Huntingdon & worship
ton cum custodia pueroz suoz. et dic
concordes ad inuicem deinde effecti
fuerunt quia predictus Alexander ven
sicitur sibi iure Hereditario coronam
& monarchiam totius Regni predicti
sicut verus Heres & iustus de iure boni
Regis Edwardi ultimi. Alexr qz deū
sup omnia dilexit qz secdm ecclesiam in
multis p Scora fecit qz bonū in gnalitu
totum malum qz deseruit vocabatur
matils regina optima. Obiit vo
predictus henricus in normannia
apud s. Donis. Sepultus enim fuit
in Anglia apud Redinges in Alba
thia quam construxerat. matilda
vero Regina predicta sepulta fuit
in Anglia apud Westmonasterium
cuius anime spicietur deus.

ET Henricus primus genuit:

Willm
qui periit
in mari

Rictm
qui periit
in mari

matil
dam im
patice

Rictdi
q obiit

henrica
Regis se
cundi

son épouse tint donc sa promesse de faire construire une abbaye si son mari revenait sain et sauf. Consacrée en 1185, elle accueille une importante communauté religieuse de prémontrés. À la porte Saint-Nicolas les moines donnaient l'aumône aux mendiants et aux pèlerins. Les dortoirs et les bâtiments conventuels datent des XVIe et XVIIe siècles. Vendue comme bien national en 1790, l'abbaye est évoquée par Barbey d'Aurevilly* dans son roman *L'Ensorcelée* et, plus près de nous, par Jean de La Varende dans *L'Homme aux gants de cuir*.

Blanche Nef (le naufrage de la)

25 novembre 1120, Henri Ier Beauclerc, roi d'Angleterre et duc de Normandie, embarque comme il en a l'habitude à Barfleur*, tandis que ses enfants et la suite royale montent à bord d'un navire différent pour rejoindre l'autre côté de la Manche. Sur la *Blanche Nef*, parmi les passagers le prince héritier, Guillaume Adelin, et son frère Richard. La jeunesse royale s'amuse et presse le capitaine qui, pour couper court, tente de passer au travers du raz. Sous l'effet du courant la *Blanche Nef* vient s'écraser sur le rocher de Quillebœuf. Un seul survivant échappe au naufrage, un boucher du nom de Bérold, réfugié en haut d'un mât et recueilli par des pêcheurs de Barfleur* le lendemain, qui fera le récit de la catastrophe. À compter du jour où il apprit la nouvelle, un voile de tristesse s'abattit sur le fils du conquérant et c'est Mathilde sa fille qui assurera la succession du trône.

Récit manuscrit du naufrage de la *Blanche Nef*, dans lequel le prince héritier d'Angleterre et de Normandie perdit la vie.

Blonde de Barfleur

À son meilleur moment entre fin juin et fin septembre, cette délicieuse moule sauvage est pêchée au large, son gisement se trouvant à l'est du Cotentin*, entre Barfleur* et Grandcamp. Afin de protéger la ressource sa pêche est réglementée, aussi bien au niveau du nombre de bateaux qui la pratiquent que de la quantité débarquée par matelot et de la durée de la campagne. La production varie chaque année entre 5 000 et 9 000 tonnes. Depuis 2001, la moule sauvage de Barfleur* répond à un cahier des charges contrôlé par Normandie Fraîcheur Mer.

Blondel (Robert)

1380-1460 Né dans une noble famille du Cotentin*, Robert Blondel dut quitter la Normandie en 1415 lorsque les Anglais confisquèrent son fief de Ravenoville dans le Val de Saire*. Successivement précepteur de François d'Étampes, futur duc de Bretagne, puis du duc de Berry, fils de Charles VII, il n'a de cesse d'encourager le roi de France à chasser les Anglais. Il l'exprime dans deux textes qui sont des témoignages sur la guerre de Cent Ans : *Complainte des bons François* et *Des Droitz de la couronne de France*. Charles VII lui rendit son domaine à la suite de la capitulation des Anglais à Cherbourg* en 1450.

Bocage

Paysage traditionnel de l'ouest de la France, le bocage est l'une des composantes du Cotentin*. Champs cultivés et prairies sont séparés par des haies sur talus qu'on appelle ici des fossés. Le remembrement, en réorganisant la distribution des terres et en abattant les haies, a modifié l'allure du bocage. On distingue un bocage à mailles serrées quand les parcelles sont petites et géométriques et un bocage à grandes mailles pour des terrains qui mesurent plus de deux cents mètres de long. Aujourd'hui on estime à 20 000 kilomètres les haies disparues dans le Cotentin, ce qui n'est pas sans conséquences. Les haies avaient plusieurs fonctions : produire du bois de chauffage, réduire la force du vent, mettre à disposition un abri à de nombreuses espèces animales et végétales. Quand les vaches viennent s'abriter de la pluie sous les haies, on dit qu'elles se rangent « en arête de poisson ». Le bocage vit avec son vocabulaire ; les champs sont ici des clos, les chemins creux qui desservent les parcelles sont des chasses* ou *caches*, le talus devient fossé. L'aubépine s'appelle épine blanche et le prunellier épine noire.

On pourrait croire qu'une limite de propriété passe au milieu d'un talus. Il n'en est rien. Le propriétaire du talus l'entretient des deux côtés et, du côté de son voisin, il possède le creux, environ 30 cm, et la répare, qui mesure jusqu'à 1 m 80. L'usage en est encore respecté.

Bonnemains (Pierre) 1773-1850

Né à Tréauville* le 13 septembre 1773, soldat des guerres de la Révolution et de l'Empire, Pierre Bonnemains entre dans les gardes nationaux de la Manche en 1792 après des études au collège de Valognes*. Il s'est illustré sur de nombreux champs de bataille, ce qui lui valut plusieurs blessures. Il est nommé baron d'Empire en 1808 puis général de division par Napoléon dont il sera un des fidèles. Son nom est gravé sur le pilier sud de l'arc de Triomphe à Paris. Au retour des Bourbons, il sert le roi ce qui lui vaut le titre de vicomte le 17 août 1822 et la confirmation de son grade. Par la suite il sera élu député de la Manche et pair de France.

Bony (Paul) 1911-1982

Peintre et maître verrier, Paul Bony formé à l'École des arts appliqués a pratiqué l'art du vitrail auprès de Jean Hébert-Stevens, dont il épousa la fille, Adeline. Il a travaillé avec les plus grands peintres du XXe siècle, Georges Rouault,

Dans le Cotentin, le bocage s'étend jusqu'au rivage.

Georges Braque, Jean Cocteau pour exécuter leurs vitraux préparés dans l'atelier de la rue Jean-Ferrandi à Paris. On lui doit la réalisation des remarquables vitraux, créés par Matisse, de la chapelle des dominicaines, construite entre 1948 et 1951 à Vence.

Chaque année, il passait en famille ses vacances dans une maison de pêcheur qui surplombe le petit port de Diélette*. Photographe averti, il a beaucoup parcouru le canton des Pieux* pour fixer sur la pellicule les charmes et la douceur de vivre en Cotentin*. Durant les années marquées en Normandie par la reconstruction de bâtiments civils et religieux, Paul Bony et Adeline Hébert-Stevens conçoivent et réalisent de nombreux vitraux qui ornent les églises de la région. Plus de 300 se trouvent dans la Manche, à Saint-Sauveur-le-Vicomte*, à Bricquebosc*, à Cerisy-la-Forêt et à Rauville-la-Place* entre autres. « On sent dans toute son œuvre, écrivait le chanoine Hyernard, le reflet de cette sensibilité de son œil d'artiste à tout ce qu'il y a de beauté, même très humble, dans les plus ordinaires de nos réalités normandes. »

Bouais Jan Nom local de l'ajonc épineux qui pousse sur des terrains laissés en friche ou sur les falaises. Ce mot a été repris par Louis Beuve* comme titre de sa revue régionaliste.

Bouillotte Ce terme désigne localement un alambic. Il vient du verbe « bouillir », « distiller » le cidre ; même origine pour bouilleur de cru.

Bourdelot Pâtisserie réalisée avec une pomme enrobée de pâte à pain ou de pâte feuilletée et cuite au four. Quand on remplace la pomme par une poire, elle prend le nom de douillon.

Brébeuf (Saint-Jean de) 1593-1649 Né à Condé-sur-Vire, Jean de Brébeuf est entré chez les Jésuites en 1617. Envoyé en mission au Canada à partir de 1623, il s'installe chez les Hurons dont il apprend la langue. Courageux face au danger, il persévère dans l'évangélisation qu'il mène. Capturé par les Iroquois, il subit le martyre. Il a été canonisé en juin 1930.

Brelin Nom local du bigorneau ; « vignot » est une autre variante.

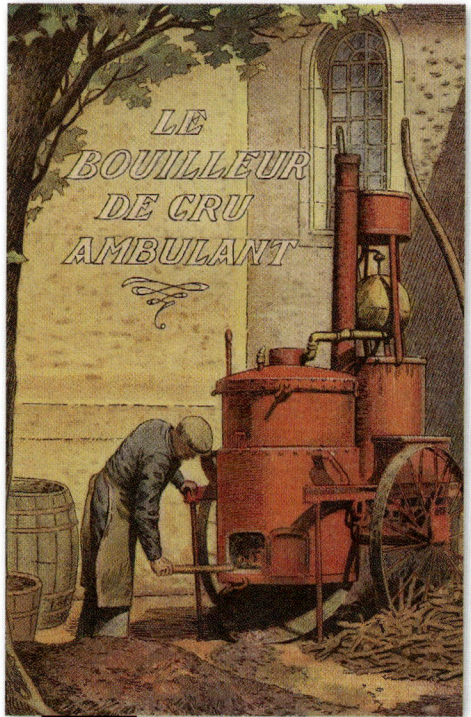

Au siècle dernier, le bouilleur de cru allait encore de ferme en ferme, distiller le cidre.

Bretel (Eugène) 1842-1933

En 1865, à Port-bail, Eugène Bretel est un marchand de beurre et d'œufs qu'il exporte vers l'Angleterre au départ de Cherbourg*. En 1871 il s'associe avec son frère Alphonse, (1840-1913) pour développer son entreprise qui prend le nom de Maison Bretel Frères implantée à Valognes* et commercialisant du beurre d'Isigny de qualité. S'appuyant sur le développement du chemin de fer et des transports maritimes, ils fournissent les marchés français et étrangers jusqu'à devenir, au début du XXᵉ siècle, une des plus grandes beurreries au monde.

Bretteville-en-Saire

Sur le territoire de cette petite commune du canton de Tourlaville, Bretteville-en-Saire*, un des monuments mégalithiques les plus intéressants de la région a subsisté. C'est une allée couverte bien conservée : longue de 16 mètres, elle est recouverte de sept dalles.

Personnalités locales : Armand de Bricqueville* (1785-1844), colonel de dragons durant les guerres de l'Empire, député de Cherbourg*.

Bricquebec

Nom d'origine nordique composé de *brekka*, la colline, et de *bec*, le ruisseau ; Bricquebec désigne le ruisseau qui descend de la colline. Situé sur une motte féodale, le donjon du château de Bricquebec classé en 1840 a fière allure avec sa forme polygonale à douze côtés. C'est l'élément principal d'une enceinte flanquée de huit tours. Haut de 22 mètres, il s'appuie sur des murs larges de 4 mètres 30. Le donjon comprenait cinq étages, dotés d'une cheminée. Le premier niveau servait d'entrepôt des vivres et des armes. Les deux étages suivants accueillaient les appartements de la famille du seigneur. Ensuite venaient les logements des domestiques et des gardes. Au terme des 137 marches de l'escalier, on accède à la plate-forme par un petit lanterneau.

L'origine du château remonte à la conquête de la Normandie et c'est en 912, après le traité de Saint-Clair-sur-Epte,

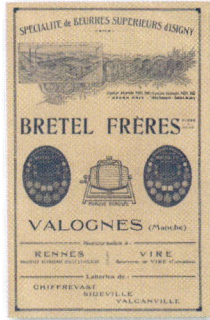

Ci-dessus. Publicité pour le beurre d'Isigny, reconnu pour sa qualité.

Ci-dessous. L'allée couverte est classée monument historique depuis 1862.

LA BASSE-NORMANDIE PITTORESQUE

295. — Bretteville (Manche).
Les Dolmens (Allée couverte). - On remarque très nettement sur le premier les traces de rigoles.

Cette statue au général Le Marois, fidèle de Napoléon Iᵉʳ, fut érigée juste après son décès en 1837.

Personnalités locales : Jean-Léonor Le Marois* (1777-1836), général et proche de Napoléon Iᵉʳ. François Letourneur (1769-1849), colonel en 1809, général de brigade en 1813. Armand Le Véel (1821-1905) statuaire, on lui doit en particulier la statue de Napoléon à Cherbourg*. Marcel Grillard* (1893-1963) industriel laitier, maire de Bricquebec et conseiller général. Jacques Delarue, né en 1919, ancien résistant, commissaire divisionnaire, auteur de nombreux ouvrages consacrés à la Seconde Guerre mondiale, en particulier d'une *Histoire de la Gestapo* paru en 1962.

Bricquebosc

Nom d'origine nordique composé de *brikka*, la colline, et de *bosc*, le bois ; Bricquebosc désigne le bois de la colline. Une bonne prononciation du nom de cette commune du canton des Pieux* exige d'ignorer le -s- et d'appuyer les deux syllabes : Brik-bo.

Cachée au bout d'une longue allée bordée d'arbres superbes, la Grande Maison est une construction imposante qui date de la fin du XVᵉ siècle, avec son corps de logis flanqué de deux pavillons carrés. Sa façade a été remaniée au XVIIᵉ siècle et largement percée d'ouvertures. Quatre échauguettes en poivrière, une discrète chapelle sur le côté, confèrent à cette demeure qui a longtemps appartenu à la famille de Thieuville un charme particulier.

que le domaine de Bricquebec fut attribué au petit-neveu de Rollon, Anslec. Au XIᵉ siècle, il devenait la propriété de Robert Bertrand, compagnon de Guillaume le Conquérant à la bataille d'Hastings. Cette demeure a été remaniée au cours des siècles avant d'aboutir à l'aspect que nous lui connaissons aujourd'hui et qui en fait un des châteaux les mieux préservés dans la Manche.

Autour du château se déroule la foire Sainte-Anne, grande manifestation populaire qui se tient en juillet et qui bénéficie de la position centrale de Bricquebec, au cœur de la presqu'île. Foire agricole, fête foraine, cavalcades colorées ont contribué à sa réputation.

À voir également à Bricquebec le musée « À la recherche du temps perdu » qui présente une belle collection d'objets d'arts et de traditions populaires utilisés dans la région.

Bien que percée d'ouvertures la Grande Maison à Bricqueboscq a gardé une allure de maison forte.

Bricqueville (Armand de) 1785-1844

Né à Bretteville-en-Saire* le 23 janvier 1785 et bien que provenant d'une famille royaliste – son père émigré puis revenu combattre aux côtés de la chouannerie normande avait été fusillé en 1796 à Coutances* – il s'engagea aux côtés de Napoléon Ier et participa à de nombreuses batailles des guerres de l'Empire. Il fut élu député de Cherbourg* en 1827 tout en restant dans l'opposition aux Bourbons. Une statue, œuvre du sculpteur David d'Angers, fut inaugurée à Cherbourg* en 1850 sur l'ancienne place des Sarrasins qui porte son nom.

Brix

Cette localité située dans le canton de Valognes* est considérée comme le berceau des rois d'Écosse puisque Robert Bruce, descendant des seigneurs de Brix, en devint le roi en 1306 après en avoir été le héros. La baronnie de la Luthumière dont dépendaient Brix et sa forêt a été fondée en 1170 par Henri II qui l'attribua à Richard du Hommet. Elle atteindra son apogée au XVIIe siècle. Deux filles de Marie-Françoise de La Luthumière feront de beaux mariages. Charlotte épousa Jacques de Matignon, lieutenant général du roi en Normandie et gouverneur de Cherbourg*. Sa jeune sœur, Catherine-Thérèse, épousa en 1679 Jean-Baptiste Colbert, marquis de Seignelay, fils du grand ministre de Louis XIV.

La petite chapelle du XVIe siècle dédiée à saint Jouvin, patron des maçons et protecteur des jeunes enfants, était le lieu d'un pèlerinage très suivi.

L'oratoire Notre-Dame-de-Grâces qui date du XVIIe siècle est situé à mi-chemin d'une colline, à quelques pas de la Pierre aux Morts.

La foire Saint-Denis qui se tient début octobre remonte au XIVe siècle ; elle comptait parmi les plus importantes de la région et était réputée pour le commerce des chevaux qui s'y effectuait.

Brouette à panais Le panais est une plante fourragère qui servait, avant la technique de l'ensilage, à alimenter les vaches laitières pendant l'hiver. La brouette à panais marque son originalité avec sa roue constituée d'une partie métallique en forme de réceptacle ; ajourée à intervalles réguliers, elle laisse passer les graines de panais à un rythme constant au moment des semis. Le flanc en bois, de forme circulaire, assure le contact avec le sol et tourne sur un axe métallique. On peut en découvrir un exemplaire au musée « À la recherche du temps perdu » à Bricquebec*.

Buhot (Félix) 1847-1898 Né à Valognes* en 1847, dans une famille de la petite bourgeoisie du pays, Félix Buhot suit ses études au collège de la ville tenu par les Eudistes. Après son bac, il vient à Paris entreprendre des études de lettres, s'inscrit ensuite aux Beaux-Arts et entre à l'atelier de Jules Noël réputé pour la qualité de ses marines. Après la guerre de 1870, c'est dans la Hague* à Landemer qu'il peint son premier tableau. En 1877 il fait la connaissance d'Alphonse Lemerre*, l'éditeur des romantiques, et réalise des illustrations pour les romans de Barbey d'Aurevilly*, *L'Ensorcelée* et *Le Chevalier Destouches*. Il compte parmi les grands spécialistes de l'eau-forte et s'y est taillé une belle réputation. En 1888 il expose à New York et la critique américaine salue son travail. Les rues de Valognes*, les hauteurs de Lestre*, les rivages de la Hague et la vie parisienne l'ont souvent inspiré. Il décède à Paris le 26 avril 1898. Ses obsèques sont présidées par monseigneur Le Nordez, originaire de Montebourg* et ami de Louis Beuve* et de François Enault*.

Bulot Ce buccin, coquillage très apprécié des amateurs de fruits de mer, voit son appellation varier selon l'endroit du Cotentin* où vous vous trouvez : « ran », « calicoco », « coquecigrue », « bavoux », « goglue » sont des termes qui désignent le même mollusque. Le Cotentin, en particulier la région nord de Granville, est la première zone de pêche de ce mollusque gastéropode carnivore qui vit sur des fonds sableux.

Chaque jour, le bateau spécialisé dans ce type de pêche, le bulotier, relève des casiers appâtés avec des crabes ou du poisson. La pêche s'effectue toute l'année avec une diminution des prises pendant l'été.

Busoquer Mot local qui signifie s'occuper de petits travaux, bricoler.

Les quais du bassin du commerce de Cherbourg ont été entièrement reconstruits après la Seconde Guerre mondiale.

Cache-pouque Ce terme désigne le valet du meunier qui convoyait les sacs de farine à dos de cheval ou de mulet. Dans le Coutançais, on l'appelle aussi « frinot ».

Camembert La tradition veut que la Normande Marie Harel ait inventé le camembert, en 1791, en pleine tourmente révolutionnaire ; elle aurait suivi les conseils d'un prêtre réfractaire originaire de la Brie qui s'était réfugié chez elle. Dans les faits il semblerait que ce fromage soit apparu sur les marchés un siècle plus tôt et sa popularité facilitée par le développement des chemins de fer et l'invention de la boîte ronde dans laquel emballer le fromage. L'aire géographique de l'appellation concerne le Calvados, la Manche, l'Orne et la frange occidentale de l'Eure. C'est en 1902, à l'initiative de Raymond Le Marchand, propriétaire de La Chesnée, à Rauville-la-Bigot, que le Cotentin* se lance dans la production de camemberts.

Le 20 mars 1909 le Syndicat des fabricants du véritable camembert de Normandie voit le jour afin de réduire les contrefaçons. Il définit à cette occasion ce qu'est un camembert : « un fromage rond, d'un poids de 250 à 300 g, d'un diamètre de 10 à 11 cm, fabriqué avec du lait pur de Normandie, et assez riche en matières grasses pour écarter toute idée d'écrémage artificiel. » Dès l'année suivante, le syndicat se lance dans une vaste campagne d'affichage dans les principales villes de France. Seule l'appellation « Camembert de Normandie » garantit l'origine du produit, à la différence d'autres fromages marqués « fabriqué en Normandie » qui ne garantissent nullement la provenance du lait utilisé.

C'est au début du XXe siècle que la première fabrique de camemberts est implantée dans le Cotentin. Né en 1883 en Mayenne, Théodore Réaux établit une fromagerie à Lessay* en 1931. À cette époque, la vingtaine de salariés produisait chaque jour 1 200 camemberts. Aujourd'hui, 20 000 camemberts par jour sortent du site de production et demeurent des produits de grande qualité, très souvent primés. Sous les marques Réo et Gaslonde, les fromages sont toujours moulés à la louche et il est possible d'assister aux différentes étapes de la fabrication : l'écrémage, la maturation, l'emprésurage, cinq passages successifs pour le moulage à la louche ; puis l'égouttage, le rabattage, le retournement, le placage, le taillage, le salage, l'affinage.

Les camemberts Réo au lait cru ont failli être victimes de l'action menée par le groupe Lactalis et la coopérative Isigny-Sainte-Mère qui souhaitaient changer les techniques de fabrication du camembert en utilisant du lait thermisé. En février 2008, l'Association de défense et de gestion du camembert de Normandie a voté largement pour le maintien du lait cru pour élaborer un produit ayant le label Camembert de Normandie AOC.

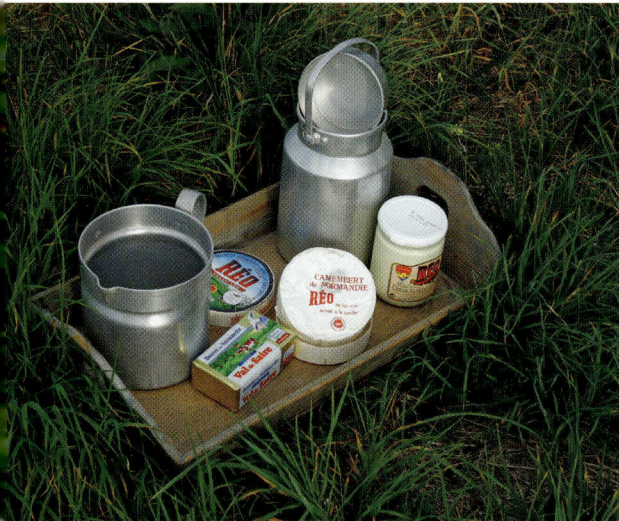

Camembert, crème fraîche et beurre doux sont les trois spécialités laitières du Cotentin.

Canisy Chef-lieu de canton dans l'arrondissement de Saint-Lô*, Canisy compte 931 habitants. Au sein d'un parc superbe, son château demeure un site exceptionnel, longtemps considéré comme l'une des sept merveilles de la Manche. Si les premiers éléments architecturaux remontent au Moyen Âge, l'ensemble a été modifié au fil des siècles et patiemment entretenu par la même famille propriétaire des lieux.

Personnalité : l'écrivain Jean Follain y est né et lui a consacré un des ses premiers ouvrages.

Canville-la-Rocque La petite église de Canville-la-Rocque dans le canton de la Haye-du-Puits* conserve des peintures murales du XVIe siècle, réalisées de 1520 à 1540, uniques dans le grand ouest. Elles représentent la légende du pendu dépendu : des parents et leur fils qui font le pèlerinage de Compostelle s'arrêtent dans une auberge en Espagne. Le jeune homme ayant refusé de répondre aux avances de la servante, celle-ci place une coupe en argent dans ses bagages et le fait accuser de vol. Il est condamné à être pendu. Au retour de leur pèlerinage, les parents s'arrêtent devant le gibet pour une dernière prière. Miracle, leur fils vit encore. Nouveau passage devant le juge et cette fois c'est la servante qui est condamnée. Oubliées sous un badigeon, ces fresques ont été retrouvées en 1950 par l'abbé Marcel Lelégard, conservateur des antiquités de la Manche, et ont été restaurées à partir de 1983. Six des quatorze scènes d'origine ont été remises en état.

La commune abrite aussi un château. Construit à l'époque des ducs de Normandie,

Le château d'Olonde fait partie des lieux qui ont inspiré l'écrivain Barbey d'Aurevilly.

le château d'Olonde appartient depuis le XVe siècle à la famille d'Harcourt. Il a subi de nombreuses transformations. Barbey d'Aurevilly* y a placé le cadre de sa nouvelle, *Une histoire sans nom*. « Elle n'habiterait en Normandie ni ville, ni bourgade, ni village, mais son vieux château d'Olonde, situé dans ce coin de pays perdu qui est entre la côte de la Manche et une des extrémités de la presqu'île du Cotentin. Il n'y avait pas alors de grande route tracée allant de ce côté. Le château était gardé par de mauvais chemins de traverse, aux ornières profondes… »

Les fresques de l'église de Canville-la-Rocque ont été redécouvertes au milieu du XXe siècle.

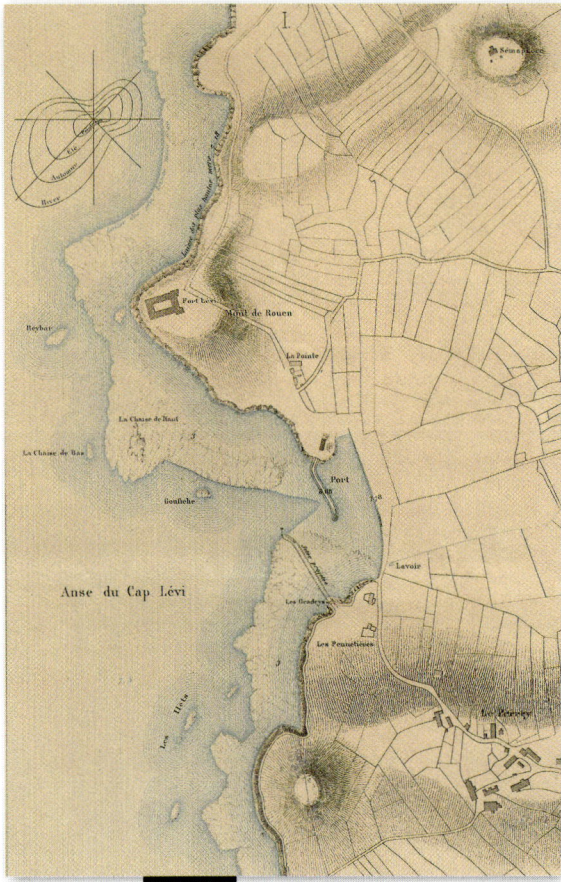

Sur cette carte du XIXᵉ siècle les différents aménagements du Cap Lévi sont clairement indiqués, le phare détruit pendant la Seconde Guerre Mondiale a été reconstruit en 1947.

Cap Lévi Cette belle avancée rocheuse que l'armérie maritime, petit œillet marin, colore de rose est située sur la commune de Fermanville*. Dès 1360, des documents parlent de *Capelwick* qui va devenir après transformation Cap Lévi. En vieux normand le mot *vic* désignait une petite anse.

Édifié sous le premier Empire pour protéger le commerce maritime de proximité, le fort Lévi appartient à un ensemble de onze bat-teries sur les côtes du Cotentin*. Déclassé en 1875, il retrouve le service actif durant la Seconde Guerre mondiale. Après avoir appartenu à l'industriel Félix Amiot*, il est désormais aménagé en gîte de mer et offre aux amateurs de grand air un site à la fois unique et exceptionnel.

Carentan Située au cœur des marais à la confluence de la Douve et de la Taute qui communiquent avec la Baie des Veys*, la ville était une place forte au Moyen Âge, entourée de remparts. Point de passage incontournable entre le Cotentin* et le Bessin, elle a subi les vicissitudes des guerres entre Français et Anglais. Elle s'est développée comme marché agricole puis comme centre de transforma-tion agroalimentaire. Une rangée de maisons d'époque médiévale à arcades datant du XVᵉ siècle souligne que les foires assuraient alors la prospérité des commerçants du lieu. Le port actif à la fin du XIXᵉ siècle recevait des caboteurs de trois cents tonneaux qui char-geaient beurre, œufs et gibier que la société Lepelletier* et d'autres commerçants en gros exportaient vers l'Angleterre. Aujourd'hui le port accueille les plaisanciers.

Le couvent des Augustines construit en 1652 pour les sœurs de la congrégation de Notre-Dame a été acquis par la commune en 1858 avant de devenir en 1926 la mairie de Carentan. L'église Notre-Dame qui date du XVe siècle est inscrite à l'inventaire des monuments historiques. Elle a été construite par le bailli du Cotentin*, Guillaume de Cerisay, et consacrée en 1470. Le portail roman a été conservé de l'édifice antérieur mais le transept et le chœur sont de style gothique flamboyant. Sa tour centrale est remarquable.

Personnalités locales : Jean Loret, né à Carentan en 1600, auteur de *La Gazette burlesque* et de *La Muse historique*, considéré comme le père des journalistes modernes ; Jean-Jacques Élie de Beaumont, né à Carentan en 1732, protestant et avocat au barreau de Paris, célèbre pour son *Mémoire pour les enfants Calas*, salué par Voltaire et qui permit la réhabilitation de cette famille en 1762.

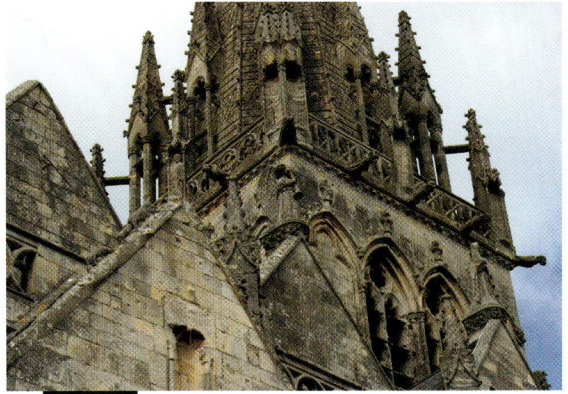

Détail de l'église Notre-Dame de Carentan, un magnifique exemple de gothique flamboyant.

Le couvent des Augustines de style Louis XIII abrite aujourd'hui la mairie de Carentan.

Parmi les légumes cultivés dans le Cotentin, la carotte de Créances bénéficie d'une appellation d'origine contrôlée.

Carotte de Créances Ce légume bénéficie d'une appellation d'origine contrôlée et est célébré par la commune chaque été au mois d'août, à l'occasion de la Fête de la carotte où les maraîchers préparent de belles compositions artistiques de légumes, à la manière de certains carnavals. Cette manifestation haute en couleurs attire chaque année plus de 20 000 visiteurs. La zone côtière sablonneuse et les terres proches de la mer, enrichies avec des algues, ont été depuis longtemps vouées, de Créances jusqu'à Montfarville, à la culture de la carotte qui trouve ici des conditions climatiques qui lui conviennent parfaitement. Elle est richement iodée, d'une couleur orange profond et d'une saveur incomparable.

Carrosse à laver Bac dans lequel s'agenouillent les femmes lorsqu'elles lavent et battent le linge au bord d'un lavoir ou d'un « douet ».

Casque normand Le casque conique à nasal était utilisé par les chevaliers du duc Guillaume lors de la conquête de l'Angleterre, comme en témoigne la tapisserie de Bayeux. Caractérisé par une protection du nez bien marquée et un ventail de mailles fixé au casque, il a été porté jusqu'à la fin du XIIe siècle.

Caumont (Arcisse de) 1801-1873 Né à Bayeux le 20 août 1801, historien et archéologue, il a fondé la Société des antiquaires de Normandie et la Société linnéenne de Normandie en 1823 puis la Société française d'archéologie en 1833. On lui doit plus de trente volumes et des centaines de communications aux sociétés savantes. Il a particulièrement étudié l'architecture civile, militaire et religieuse du nord-ouest de la France. Il est mort à Caen le 16 avril 1873.

Caverne On appelait ainsi le lit alcôve fermé sur trois côtés et fabriqué souvent en sapin de Scandinavie. Un petit escabeau était bien utile pour atteindre le couchage et se glisser sous les couettes en plumes d'oie et sous les courtepointes en laine du pays.

Le lit alcôve, meuble traditionnel des intérieurs normands.

Chapelle-Enjuger (La) En 1944, durant la bataille de Normandie, ce petit village du canton de Marigny fut entièrement détruit par une opération de bombardement aérien mené par les Alliés. Cette opération Cobra avait pour but de créer une brèche dans la ligne de front allemand qui allait de Périers* à Saint-Lô*. Le 25 juillet, 4 000 tonnes de bombes pulvérisèrent la division allemande ouvrant la voie aux troupes américaines qui libéraient Coutances* trois jours plus tard mais laissaient derrière elles un paysage de champs de ruines et de cratères de bombes. Un monument rappelle aujourd'hui cet épisode et depuis 1957 les morts allemands de la bataille de Normandie sont regroupés pour partie dans ce cimetière.

Charcot (Jean-Baptiste) 1867-1936 Le célèbre médecin et explorateur des pôles est mobilisé à l'hôpital maritime de Cherbourg* en 1914 mais dès 1915 il obtient de prendre le commandement d'un navire pour la chasse aux sous-marins. Jusqu'en 1918 il patrouille

Les ruines de l'église et du monument aux morts de La Chapelle-Enjuger après les combats de 1944.

le long des côtes bretonnes et normandes. À la reprise de ses expéditions polaires avec le *Pourquoi Pas ?* Charcot accueillera à son bord deux peintres originaires de Normandie, Marin-Marie et Pierre Leconte.

Chasse Ce mot, en patois du Cotentin* *cache*, désigne un petit chemin de terre très ombragé. Il est très utilisé dans la conversation courante et de nombreuses routes vicinales portent cette désignation suivie d'un nom propre pour faciliter la localisation, par exemple à Varenguebec*, la chasse Yvon et la chasse Quériot. Il est souvent utilisé par Alfred Rossel* dans ses chansons patoisantes :

> « No n'est pas mus à Pari
> Qu'dans nos caches
> Au meis d'avri. »

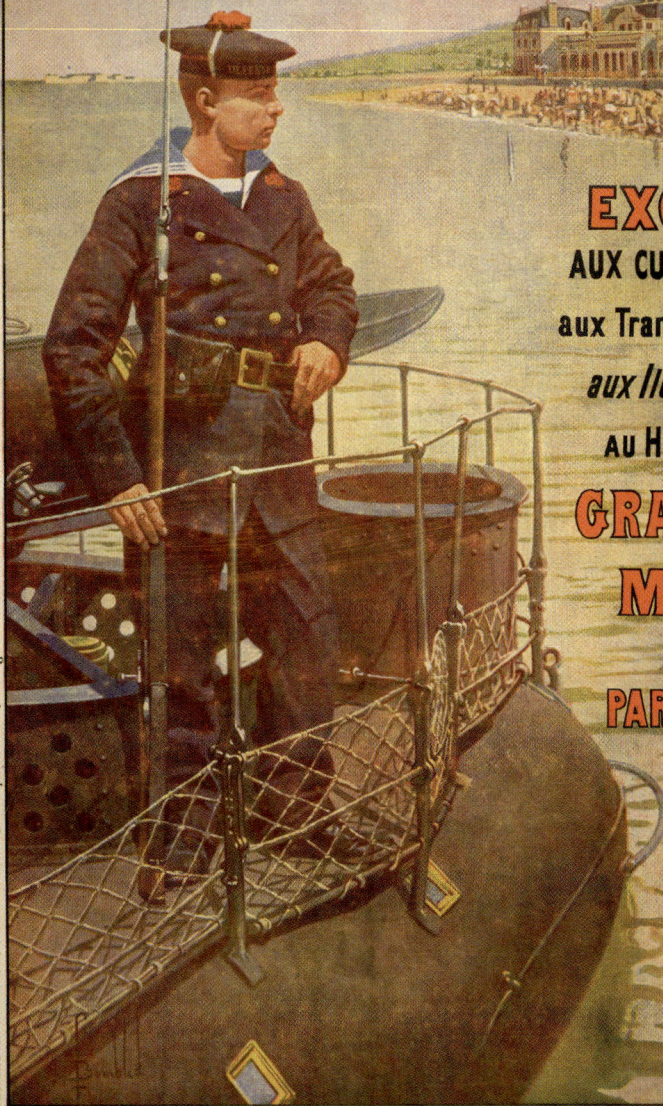

Chaufferette Cet ustensile en bois et en métal recevait des braises mises dans un petit bac. Sur la partie supérieure à claire-voie, les femmes et les personnes âgées posaient leurs pieds. Fabriquée en poterie, la chaufferette prend alors le nom de courtine.

Chemin de fer Désenclaver le Cotentin*, tel est le défi relevé par le chemin de fer. La ligne Paris-Cherbourg*, longue de 372 kilomètres, fut inaugurée le 4 août 1858 par Napoléon III et l'impératrice Eugénie qui l'empruntèrent avant de séjourner dans le Cotentin pendant plusieurs jours. Sa voie unique fut dédoublée en 1899. Avant ces travaux, un voyageur rejoignait la capitale en neuf heures s'il prenait un train express et en quatorze heures avec un omnibus. Les Chemins de fer de l'ouest mettaient à disposition des passagers internationaux des trains spéciaux entre Paris et Cherbourg*, en fonction des escales des paquebots. Saint-Lô* fut raccordé à la ligne Paris-Cherbourg* au départ de Lison dès 1860. La voie fut ensuite prolongée jusqu'à Coutances* en 1878 et jusqu'à Folligny en 1879. Le 26 avril 1886 fut inaugurée la ligne d'intérêt local Valognes-Saint-Vaast-Barfleur*, offrant ainsi un premier débouché aux productions agricoles du Val de Saire*. Le Tue-vaques, petite ligne d'intérêt local, mise en service le 10 juillet 1911, desservait de nombreuses communes entre Cherbourg* et Barfleur* sur un parcours de 31 kilomètres. En été quatre trains assuraient la liaison. La ligne resta en service durant la Seconde guerre mondiale avant de cesser son activité en 1950. La ligne Carentan-Carteret mise en service en 1894 desservait la côte des îles et les petites

stations balnéaires. L'hiver, elle assurait l'expédition des légumes de Surtainville et du Rozel. La ligne Sottevast-Coutances* en 1884 desservait le centre de la presqu'île ; fermée dans les années 1960, elle a été aménagée en voie verte réservée aux randonneurs.

Après les destructions massives liées au Débarquement*, les liaisons ferroviaires sont rétablies pour le public le 8 janvier 1945 à raison d'un train par jour. Il fallait alors dix heures pour relier Cherbourg à la capitale.

Chemin des douaniers Ce chemin en bordure du littoral permettait aux douaniers de surveiller l'intégrité du territoire. Tombé en désuétude il a été rétabli en 1976 par une

Le chardon bleu présent le long du sentier des douaniers qui longe le littoral du Cotentin.

servitude de trois mètres minimum, en bordure de toute côte, réservée aux promeneurs, principe par la suite confirmé par la loi littoral de 1986. Sur le pourtour de la presqu'île du Cotentin*, ce sentier (GR 223) de 440 kilomètres permet de parcourir tout le rivage et d'en apprécier la variété des paysages.

Cherbourg-Octeville Située sur la côte nord du Cotentin*, en bordure d'un golfe très ouvert sur la mer et barré par une digue qui en fait la plus grande rade artificielle du monde, c'est la principale ville de la Manche dont elle est la sous-préfecture et l'une des trois préfectures maritimes françaises.

Dès l'époque romaine, *Coriallo* abrite un castrum. Évangélisée par saint Germain d'Écosse au Ve siècle, la ville est détruite lors des inva-

Page de gauche. Le chemin de fer reliant Paris à Cherbourg a permis à la ville de développer une escale pour les transatlantiques.

Double page précédente. Cette *vue du quai Napoléon en 1838*, est une huile sur toile de Jean-Louis Petit, présentée au musée Thomas-Henry de Cherbourg.

L'abbaye du Vœu n'a été que partiellement restaurée après la Seconde Guerre mondiale.

sions normandes du IXe siècle. Fortifiée par le duc de Normandie Richard III elle compte parmi les places fortes du duché, Guillaume le Conquérant fait réparer son château et dote la ville d'un hôpital.

À son retour d'un séjour en Angleterre, la reine Mathilde, épouse de Geoffroy Planta-genet, est prise dans une violente tempête en 1145. Elle fait vœu à la Vierge Marie d'édi-fier une chapelle construite sous le nom de Notre-Dame-du-Vœu. Quelques années plus tard une abbaye complétait le sanctuaire. Elle fut occupée par la congrégation de Saint-

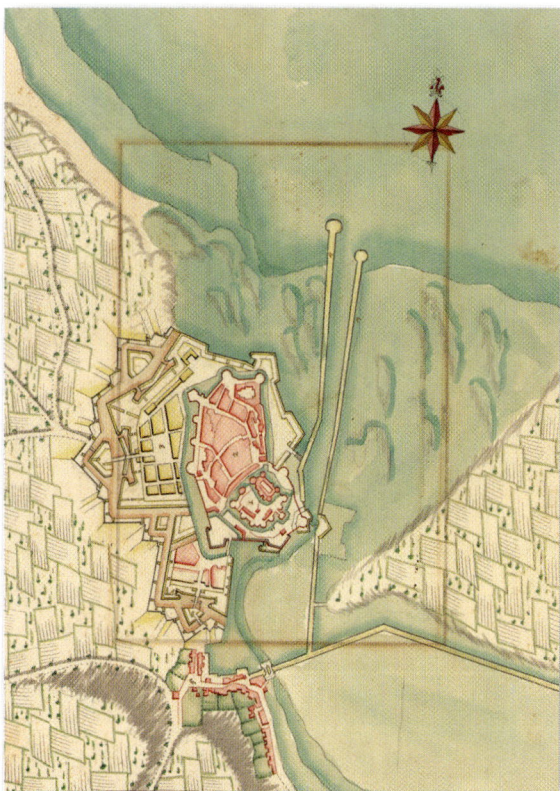

Plan de la citadelle de Cherbourg (1688-1693).

Victor jusqu'en 1774 puis abandonnée. Déjà très endommagée, elle est incendiée en 1944. L'ancien réfectoire des moines et la salle capi-tulaire ont été restaurés.

Lors de la conquête de la Normandie par Philippe-Auguste, Cherbourg est prise en 1204. En raison de sa position stratégique de défense française et de tête de pont pour les Anglais elle est très disputée durant la guerre de Cent Ans. Au XVe siècle est édifiée la basilique de la Trinité, ornée d'intéressants panneaux sculptés polychromes représentant des scènes de la vie du Christ et une *Danse Macabre*. Sa tour de style néogothique a été ajoutée au XIXe siècle.

Louis XIV et Vauban décident d'implanter sur la Manche un grand port militaire et de fer-mer la rade de Cherbourg par deux digues, mais Louvois conseille la destruction de la forteresse et le développement d'infrastruc-tures à la Hougue. Le désastre de l'expédition de Tourville* vers l'Angleterre en 1692 puis l'expédition anglaise de 1758 qui débarque à Urville et pille Cherbourg montrent la fai-blesse des installations. C'est en 1776 que Louis XVI relance le projet et les bases d'une digue, qui doit barrer la rade naturelle, sont

L'élégance originelle de l'abbaye
se devine au fur et à mesure des
restaurations.

en 1858, en même temps que la ligne de chemin de fer Paris-Cherbourg.

C'est également à Cherbourg qu'arriveront les cendres de Napoléon Ier* à leur retour de Sainte-Hélène. Pendant neuf jours l'entrepont de la frégate *La Belle Poule* est transformé en chapelle mortuaire, puis le 8 décembre 1840, la dépouille mortelle est transférée sur le vapeur *La Normandie* qui met le cap sur Le Havre. Après la guerre de 1870 les paquebots transatlantiques font escale à Cherbourg où la gare maritime leur permet un accostage direct. Depuis la fin du XIXe siècle, la vocation des arsenaux est de se consacrer à la construction de sous-marins. En 1898 le sous-marin *Narval* est mis sur cale ; c'est le premier d'une longue série qui intégrera les sous-marins nucléaires avec la construction du *Redoutable*.

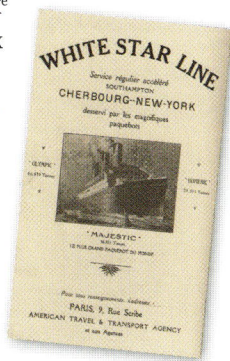

Durant la Première Guerre mondiale, le port militaire retrouve une activité certaine avec l'arrivée des troupes britanniques puis américaines et le départ des blessés et des permissionnaires. En 1940 les Allemands occupent Cherbourg, Rommel reçoit la reddition de la ville des

mises en chantier. En 1786, lors de la visite du Roi, les forts de Querqueville, du Homet et de l'île Pelée* protègent la rade. Aux trois grands arsenaux que sont Brest, Rochefort et Toulon, s'ajoute l'arsenal de Cherbourg, créé en 1793. Les travaux interrompus par la Révolution reprennent sous le Consulat et l'Empire. En 1812, Napoléon Ier fait de Cherbourg une préfecture maritime mais c'est Napoléon III qui achève les travaux qui sont inaugurés, en présence de la reine Victoria,

Le retour des cendres
de Napoléon Ier le
8 décembre 1840, à bord
de la *Belle Poule*.

Ci-dessus. La White Star Line
exploitait le paquebot *Titanic*
qui fit escale à Cherbourg
avant son naufrage en 1912.

mains du préfet maritime qui a auparavant fait détruire tous les sous-marins alors en construction dans l'arsenal. Quatre ans plus tard, Cherbourg, seul port en eau profonde de la région, objectif premier des troupes américaines débarquées en Normandie, tombe. Au préalable, la marine allemande avait pris les dispositions nécessaires pour rendre le port inutilisable. Les installations à terre avaient été détruites ; les bassins bloqués par des navires et de nombreuses mines. Cependant

à partir du 16 juillet 1944, le port accueille les premiers *liberty ships* et devient le premier port du monde en termes de trafic maritime, jusqu'à la victoire de 1945. Au lendemain de la guerre, les destructions ont touché l'ensemble de la ville qui est à reconstruire, un quartier a subsisté sur l'emplacement de l'ancien château. On peut y visiter le musée Thomas-Henry qui présente une belle collection d'œuvres de Jean-François Millet*. Le fort du Roule abrite aujourd'hui le musée de la Libération.

Durant la seconde moitié du XXe siècle, Cherbourg voit son trafic transatlantique disparaître, remplacé par les liaisons trans-Manche et les rotations des car-ferries. L'ancienne gare maritime transatlantique

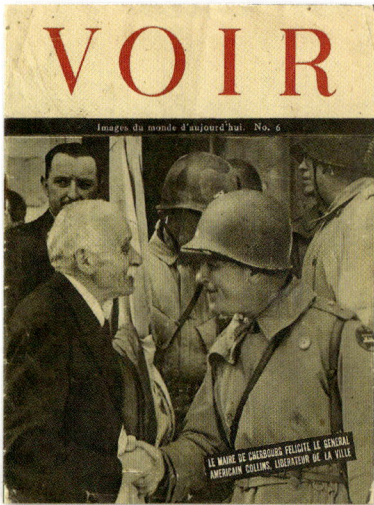

Les soldats américains sont accueillis en libérateurs.
La gare maritime après les destructions massives de juin 1944.

est transformée, sous l'impulsion de Bernard Cauvin, vice-président de la communauté urbaine de Cherbourg, en Cité de la Mer, dédiée à l'exploration océanographique et attraction touristique majeure du Cotentin. Le développement des activités nucléaires sur le littoral du Cotentin dans les années 1960 et les constructions navales ont profité à Cherbourg jusque dans les années 1990. Depuis, les arsenaux ont considérablement réduit leurs effectifs et la ville maritime tend à se tourner vers la plaisance. En 2000 une nouvelle commune réunissant Cherbourg et Octeville a été créée.

Personnalités locales : l'amiral Aimable-Gilles Troude, né à Cherbourg (1762-1824) embarqué comme simple matelot, il tire profit des guerres de la Révolution et de l'Empire. Il est nommé contre-amiral, lors de la visite de Napoléon Ier à Cherbourg, en mai 1811. Emmanuel Liais* (1826-1900) scientifique spécialiste d'astronomie* et maire de Cherbourg. Georges Sorel (1847-1922) sociologue, auteur de *Réflexions sur la violence*, un ouvrage qui influença Mussolini. Jean Marais* (1913-1998) comédien, né à Cherbourg où son père exerçait la profession de vétérinaire.

Cheval Dans le Cotentin* 5 % de la population active, lads, jockeys, éleveurs, marchands, vétérinaires, vit pour et par le cheval. Cette activité traditionnelle s'est beaucoup développée avec la création par Napoléon Ier du haras de Saint-Lô* qui disposait de stations dans chaque chef-lieu de canton. La région fournissait des chevaux de service pour tracter les omnibus dans les

rues de la capitale mais également à la gendarmerie et à l'armée. Le Plain, nom donné au plateau dont Sainte-Mère-Église* est le chef-lieu, est à juste titre considéré comme le berceau de la race trotteuse. Aujourd'hui le département de la Manche, avec plus de 10 000 élevages et 20 000 têtes, est le premier en France. L'élevage se tourne vers des champions pour les courses de trot ou le concours de saut d'obstacles. De nombreuses sociétés locales organisent des concours hippiques qui constituent un excellent terrain de formation pour cracks et cavaliers. Les courses de trot ont débuté en France à Cherbourg en 1836, d'abord sur la plage puis sur les terrains de la lande Saint-Gabriel. Le prestigieux Prix

Les foires aux chevaux sont très prisées dans le Cotentin.

d'Amérique est parfois devenu une compétition régionale où drivers de la Manche et du Calvados s'opposent en une lutte sévère. 30 % des chevaux qui gagnent en compétition sont nés dans la Manche.

Cidre Le cidre est depuis le XVe siècle la boisson traditionnelle des Normands et le Cotentin* serait la première région à en avoir produit. Auparavant, les paysans buvaient de la cervoise, sorte de bière faite avec de l'orge et de l'avoine. Le journal de Gilles de Gouberville*, au XVIe siècle, souligne que l'on attachait beaucoup d'importance aux différents crus de cidre et à la culture des pommiers. François Ier, à l'occasion de son passage dans la région, découvre le charme de l'Épicé, un des principaux crus de l'époque. Il faut attendre le choc de la Grande Guerre pour que les soldats du Cotentin consomment du vin et en rapportent l'usage dans leur région.

Les couches de pommes broyées alternent avec la paille avant d'être pressées.

Pour fabriquer un bon cidre il faut d'abord de bonnes pommes et surtout un mélange de variétés, acidulées, douces et douces-amères qui donneront leurs parfums à la boisson. Dans le Cotentin elles portent les noms pittoresques de Belles filles de la Manche ou Peau de Chien...

La fabrication du cidre de façon traditionnelle se déroule d'une manière bien précise : on broie les pommes qui macèrent en cuve quelques heures. Elles sont ensuite empilées en couches alternant avec de la paille avant d'être pressées. Le jus recueilli, couleur d'ambre, est très fort en fruit et en sucre. Mis en fût, la fermentation y est naturelle sans adjonction de levures. Selon la durée de fermentation, on obtient plusieurs sortes de cidres : le cidre doux, en dessous de 3°,

est encore assez sucré avec un net goût de pomme ; le cidre demi-sec ou brut titre entre 3 et 5°. Filtré avant la mise en bouteille le cidre acquiert alors son caractère pétillant. Le cidre du Cotentin est dit d'amertume, de cœur de repas, il accompagne très bien l'agneau de pré-salé, des plats à base de crème ou encore le fromage au lait cru. Il se décline en brut, sec ou doux. Les producteurs du Cotentin se sont regroupés en un syndicat de promotion des cidres Cotentin afin d'obtenir une appellation AOC qui jusqu'à présent leur est refusée en raison de la modestie de leur production.

Dans chaque canton, on prie un saint bien particulier pour obtenir une belle récolte de pommes. On évoque ainsi saint Ortaire dans le canton de Barneville-Carteret*, saint Gilles dans le Val de Saire* et sainte Eulalie dans le canton des Pieux*.

Le cimetière militaire allemand de La Chapelle-Enjuger.

Cimetières militaires Champ de bataille de l'été 1944, le Cotentin est aussi le champ du dernier repos pour de nombreux soldats tués au combat. Les cimetières allemands de Chapelle-Enjuger*, entre Saint-Lô* et Coutances*, et d'Orglandes entre Valognes* et Pont-L'abbé, comptent chacun plus de 10 000 tombes. Il existe en Basse-Normandie d'autres cimetières militaires liés à la Seconde Guerre et qui regroupent, chacun par nationalité, des combattants morts au combat.

Par ailleurs on trouve des sépultures éparses dans différents cimetières comme au Rozel ou au carré militaire du cimetière de Cherbourg qui regroupe 662 tombes.

Cinéma Pour beaucoup le cinéma dans le Cotentin* se résume aux *Parapluies de Cherbourg* de Jacques Demy, film culte et Palme d'or au festival de Cannes en 1964, présidé, cette année-là, par Fritz Lang. Au-delà d'une histoire d'amours contrariées, le film offre une plongée intéressante dans la France des Trente Glorieuses, sur fond de guerre d'Algérie. Beaucoup de jeunes gens, marqués

par un service militaire de trente mois, s'y sont retrouvés et ont chantonné plus tard les mélodies de Michel Legrand. Mais d'autres longs métrages y ont également été réalisés.

Henri Calef a porté à l'écran le roman de Paul Vialar* *La Maison sous la mer*, paru chez Denoël en octobre 1941. Le metteur en scène réunit un beau plateau avec Viviane Romance, Clément Duhour, Guy Decomble, et la débutante Anouk Aimée. Le film est tourné en 1946 pour partie dans les corons de Diélette. Comme l'écrivait *La Presse de la Manche* en septembre 1946, « c'est une dramatique histoire d'amour qui prend naissance au long du sentier des douaniers et nous conduit au fur et à mesure de son développement au fond de la mine… » Le cinéaste reviendra sur place en juin 1989 partager quelques heures avec les élèves du collège des Pieux* et donner son ressenti à propos d'un film sorti fin août 1947 et très mal reçu par la critique cinématographique. Quelques mois plus tôt, en 1946, Henri Calef avait tourné dans le sud Manche, *Les Chouans*, d'après l'œuvre de Balzac. Aux côtés de Madeleine Robinson, Jean Marais*,

catherine deneuve
anne vernon
nino castelnuovo
marc michel

les parapluies
de cherbourg

un film de **jacques demy**
mis en musique par **michel legrand**
scénario et dialogues de **jacques demy**
avec **ellen farner** et **mireille perrey**

madeleine films - paris - beta film munich
distribué par 20th CENTURY-FOX

C'est la lumière de Cherbourg qui aurait décidé le réalisateur Jacques Demy à choisir ce lieu de tournage.

natif de Cherbourg. Jean Gabin viendra à Saint-Vaast-la-Hougue* en 1947 pour le tournage de *La Marie du port*, d'après le roman de Georges Simenon. Devant la caméra de Marcel Carné, dans des décors d'Alexandre Trauner, l'ami de Jacques Prévert, sur une musique de Joseph Cosma, le film réunit un plateau exceptionnel avec Nicole Courcel, Louis Seigner, Julien Carette, Roland Lesaffre et René Blanchard. Gabin retrouve alors le Cotentin qu'il avait connu en 1939 alors qu'il était mobilisé au dépôt des équipages de la Flotte pendant la drôle de guerre. Nous le retrouverons plus tard dans les marais de Carentan* pour un film de Pierre Granier-Deferre, *La Horse*, en 1969. François Truffaut s'installera à Siouville en avril 1971 pour le tournage des *Deux Anglaises et le continent*, d'après le roman d'Henri-Pierre Roché. Les prises de vues ont lieu sur le chemin des douaniers à Diélette, à Goury*, à Jobourg* et à Cherbourg*. Pour l'occasion Auderville* devient un village du Pays de Galles à la fin du XIXe siècle. Le personnage principal interprété par Jean-Pierre Léaud succombe au charme d'une jeune Anglaise, peu après avoir été séduit par sa sœur. Deux femmes, deux beaux caractères entiers, absolus, jouées par Kika Markhan et Stacey Tendeler. Philippe Léotard complète la distribution. C'est un autre film

important tourné dans la région, en octobre et novembre 1977, de Cherbourg au Rozel en passant par Jobourg* et Vauville*, que *Les Routes du Sud* de Joseph Losey. Là encore une distribution prestigieuse autour d'Yves Montand et de Miou-Miou. Le scénario, dû à la plume de Jorge Semprun, met en scène un écrivain de cinéma, fils de réfugiés politiques espagnols, qui prépare son prochain film dans sa maison aux environs de Cherbourg. Des images de son pays perdu le hantent et c'est là-bas que sa femme se tue dans un accident de voiture… avec son amant. La musique est signée Michel Legrand et les décors Alexandre Trauner.

Coiffe Devenue un élément vestimentaire des groupes folkloriques, la coiffe de dentelle était largement portée au XIXe siècle. Son nom variait selon les régions. Ainsi trouve-t-on la comète de Cherbourg, la frégate de

Page de gauche. La coiffe normande
était encore portée au début du XXᵉ siècle.

L'entrée du château de Franquetot,
il accueille aujourd'hui des réceptions
et séminaires.

la Haye-du-Puits*, la volante de Coutances*,
le casque de Bricquebec*. La grande coiffe
constituait l'élément le plus remarquable
d'un costume féminin qui manquait souvent
de fantaisie et donnait tout son charme à
celle qui la portait.

Coigny Cette petite commune qui compte
207 habitants appartient au canton de la
Haye-du-Puits*. Le vieux château date de
la fin de l'époque médiévale, dont quelques
éléments subsistent dans la partie sud de l'ac-
tuel bâtiment modifié. Il accueillit une école
d'agriculture de 1886 à 1920 ; désormais
ses propriétaires actuels ont aménagé deux
chambres d'hôtes.
Le château de Franquetot appartint à une
famille qui s'illustra au service des rois de
France. François de Franquetot (1670-1759),
promu maréchal de France en 1734, est enterré
dans la chapelle seigneuriale de l'église. Son
petit-fils, François-Henri Franquetot de Coigny

(1737-1821), fut maréchal et pair de France.
Aimée Franquetot de Coigny (1769-1820), la
nièce de ce dernier, jolie femme très courtisée,
inspira au poète André Chénier, enfermé dans
les prisons de la Terreur, un poème éclatant,
« La Jeune Captive ». Après la Restauration,
elle reçoit dans son salon le monde des lettres
et écrit d'intéressants Mémoires.

Conservatoire du littoral Le Conservatoire du littoral est un établissement public
créé par la loi du 10 juillet 1975. Sa mission est d'assurer par l'acquisition foncière
la sauvegarde des équilibres écologiques
de certaines zones littorales ou de les restaurer par une gestion adaptée. Il gère les
espaces naturels les plus remarquables du
littoral français et dans le département de
la Manche, plus de 4000 ha. Dans le Cotentin* dépendent du Conservatoire du littoral
le havre de la Vanlée, celui de Lessay*, les
dunes d'Hatainville et celles de Vauville*,

le cap de la Hague*, l'île de Tatihou* et Utah Beach*. La gestion du troupeau de chèvres sauvages de la Hague, d'un type peu courant, est confiée au Conservatoire du littoral. Ces animaux débroussaillent activement les huit kilomètres qui séparent le nez de Voidries du barrage des Moulinets.

Contes et légendes

Enveloppé par un manteau de brume, endormi par la bruine qui n'en finit pas, le Cotentin* secret demeure le royaume des dames blanches, des fées, des moines marqués par le destin, des revenants. Pas un manoir, pas une abbaye qui n'ait son histoire tragique, aux confins du mythe et de la réalité. Les fées attendent près d'un lavoir les hommes qui passent à proximité.

À Auderville*, tout près du village de La Roche, se trouve le gravier qui s'était glissé dans la chaussure de Gargantua. À Pirou, les oies ont fait du château un nouveau Capitole. Dans la Hague*, les demoiselles de Tonneville, de Gruchy n'ont pas encore trouvé le repos éternel. Elles persistent à égarer les voyageurs qui s'aventurent sur la lande de Turdal.

Quant au moine de Saire, ce n'était qu'un fripon. Un jour, un paysan qui lui avait remis une somme importante pour payer ses fermages l'interpella. Le moine s'énerva et lui lança : « Que le diable m'emporte si je ne dis pas la vérité ! » Un claquement de fenêtre et le moine disparut, emporté par le Malin aux pieds griffus. Le moine réapparaît, dit-on, sous les traits d'une chouette pour annoncer le malheur. Sa réputation a dépassé les limites de sa paroisse pour devenir le prince des goubelins, ces revenants et ces sorciers qui hantent, la nuit, les lieux déserts.

Quant au fameux trou Baligan, refuge d'un terrible dragon, tué par saint Germain après son arrivée à Diélette, il a été détruit et comblé lors de la construction de la centrale de Flamanville*. Qui nous dit, cependant, que le dragon est bien endormi ?

Cordier

Les pêcheurs du Cotentin*, avant d'opter pour le chalut, pratiquaient la pêche aux cordes quelle que soit la taille de leur bateau. Les plus gros portaient le nom de cordiers à Cherbourg* et de bautiers à Barfleur*, le baut désignant, en patois du Val de Saire*, une corde. Sur les cordes étaient montés des bas de ligne terminés par des hameçons, au nombre de vingt pour cent mètres de corde. Chaque corde était lovée dans une manne, un grand panier en osier qui en contient un kilomètre. Cette technique a évolué avec la mise en service d'unités à pont couvert telles que *Le Précurseur* ou *La Belle Poule*, ancien chalutier transformé par les chantiers Bellot en cordier automatisé qui, en 1981, débarquait mille tonnes de poisson, une première dans l'histoire du port de pêche de Cherbourg.

La pêche aux harengs dans la Manche, devant les Casquets, estampe de Louis Lebreton, musée maritime de l'île de Tatihou.

Corsaire

Un corsaire bénéficie d'une lettre de marque établie par l'amirauté qui définit la durée de sa campagne et la zone géographique où il interviendra. À son retour de campagne, le corsaire met ses prises à terre ; un inventaire détaillé en est dressé puis marchandises et navires sont vendus aux enchères. Une partie de la vente revient au trésor royal. Le reste est partagé entre l'armateur et l'équipage du navire. Le pirate, quant à lui, est un bandit de grand chemin qui opère pour son propre compte et risque la pendaison à bout de vergue en cas de capture. Eustache le Moine*, François Leclerc* dit Jambe de bois, sans oublier le corsaire Jean-Médard Racine qui a donné son nom à Port-Racine*, sont autant de figures qui illustrent la guerre de course dans la Manche.

Costel (Louis) 1930-2002 Louis Costel se définissait comme un curé de campagne qui écrit. Venu tardivement à la prêtrise après avoir été apprenti bourrelier, clerc de notaire et employé de préfecture, il a choisi de restituer au travers d'une quinzaine de romans et de recueils de nouvelles un monde qu'il connaît bien et qui disparaît peu à peu après la Seconde Guerre mondiale. Observateur de la France rurale confrontée à des mutations galopantes, il porte une grande attention à ceux et celles qui se sont débattus pour conserver leur identité. Son roman *Bonnes gens* adapté à la télévision lui a valu une certaine notoriété ; *Mille ans sont comme un jour* est la chronique d'une liberté de conscience, celle d'un prêtre qui, ayant prêté serment à la Constitution civile du clergé, refuse les compromis avec les régimes successifs, restant fidèle jusqu'au bout à son engagement en faveur de la Déclaration des droits de l'homme.

Cotentin L'origine du nom signifierait « pays de Coutances » et désignerait dès le XIᵉ siècle la partie septentrionale de ce diocèse, limité à l'ouest, au nord et à l'est par la mer. La frontière sud est plus difficile à définir. Aujourd'hui on associe le Cotentin à la presqu'île, mais historiquement il s'étend plus au sud jusqu'à une ligne qui va de Granville à l'ouest, à Vire à l'est. Il existe également une frontière dialectale appelée la ligne Joret*. Au nord de la Sienne, le *ch* français est remplacé par le son *k* ; ainsi dit-on le *cat*, le *quemin*, la *vaque*. Patois, toponymie, noms de famille, vocabulaire, sont autant d'éléments qui défi-

nissent le Cotentin et le différencient de l'autre partie du département de la Manche. Les marais qui, de Carentan* à Portbail, coupent le Cotentin en deux, séparent un Cotentin résolument maritime au nord, d'un Cotentin plus bocager au sud. L'ensemble se caractérise par un climat océanique avec des étés frais et des hivers doux.

En 933, le Cotentin fut rattaché avec l'Avranchin au duché de Normandie par Guillaume Longue Épée, fils de Rollon. En 1204 la Normandie est conquise par le roi de France, Philippe Auguste ; elle est rattachée à la Couronne alors que les îles Anglo-Normandes* restent attachées au Duché, détenu par les souverains britanniques.

En 1542 sont créées les généralités de Rouen et de Caen dont dépend le Cotentin. Louis XV ordonne en 1761 l'ouverture de la route royale de Paris à Cherbourg*. Les principales villes de la région sont désormais reliées entre elles. Pendant la Révolution, les élus du peuple ont envisagé d'appeler le département Cotentin.

Certains ont trouvé que ce nom rappelait trop l'Ancien Régime et le 26 février 1790 le département prenait le nom de la mer qui le borde. La bataille de Normandie en 1944 a dévasté en grande partie le Cotentin qui a été le lieu de débarquement d'Utah Beach*, des parachutages de Sainte-Mère-Église* puis de la difficile prise du port de Cherbourg* et de la meurtrière bataille des Haies de l'été 1944. Les pertes humaines, civiles et militaires ainsi que les destructions matérielles ont été considérables.

L'agriculture, avec l'élevage et le maraîchage, la pêche, restent les activités traditionnelles du Cotentin, même si l'implantation de l'usine de retraitement de la Hague* et de la centrale de Flamanville a cependant considérablement modifié l'équilibre économique de la région. Depuis l'arrivée du chemin de fer en 1858, le Cotentin a également pu développer des stations balnéaires et des ports de plaisance. Le tourisme est aujourd'hui un atout non négligeable.

Cette carte du Cotentin de la première moitié du XIXᵉ siècle est annotée de la main de l'érudit Charles de Gerville.

Page de droite. Plaquette touristique de 1912.

SYNDICAT D'INITIATIVE
DE CHERBOURG ET DU COTENTIN.

GUIDE DU TOURISTE

Côtis-Capel 1915-1986 Pseudonyme littéraire d'Albert Lohier, ce poète normand est resté fidèle toute sa vie à l'univers qu'il connaissait le mieux : la mer. Né à Urville dans une famille nombreuse, son père est pêcheur, il entre au séminaire et devient prêtre-marin à la Mission de la mer, naviguant sur plusieurs chalutiers cherbourgeois avant de participer à la création de la coopérative Socopêche. Fervent antinucléaire, il s'opposera toujours à l'usine de retraitement des déchets nucléaires de la Hague*. Entre 1951 et 1987, il publiera six recueils de poèmes écrits dans le patois des habitants de la Hague. *À Gravages* lui vaudra en 1964 le prix littéraire du Cotentin*.

La nef gothique de la cathédrale de Coutances.

Coutances Capitale gauloise des Unelles, *Cosedia* prit le nom de *Constantia* au IIIe siècle, en hommage à l'empereur romain Constance Ier. Le *Constentinus pagus* deviendra plus tard le Costentin puis Cotentin*. Constantia est une ville importante, au centre d'un réseau de voies qui relient la presqu'île à la Bretagne actuelle. Évêché à partir du Ve siècle, la ville est assiégée par les Vikings* en 866 et intégrée par la suite au duché de Normandie ; sa cathédrale est édifiée par Geoffroy de Montbray, évêque de Coutances

Vue panoramique de Coutances,
gravure du XIXe siècle.

et compagnon d'armes de Guillaume le Conquérant en 1048. De l'édifice roman, il ne reste aujourd'hui plus rien d'apparent : il a été modifié dès le XIIIe siècle par un habillage gothique normand exceptionnel. Deux flèches gothiques prolongent les tours romanes jusqu'à une hauteur de 78 m, la façade s'élève sur trois étages, le dernier achevé à la fin du XIVe siècle. La tour lanterne caractéristique de la tradition romane normande s'élève jusqu'à 60 m. Elle éclaire le transept qui est une extension entièrement gothique. Les vitraux sont particulièrement remarquables, certains remontant au XIIIe siècle.

Par la suite la ville subit les effets de la guerre de Cent Ans, elle n'est reprise aux Anglais qu'en 1449. Elle renoue avec la prospérité à la Renaissance comme en témoignent certains bâtiments et édifices religieux telles les églises Saint-Nicolas et Saint-Pierre. À la Révolution, Coutances fut d'abord retenue pour devenir la préfecture du nouveau département de la Manche en 1790. En 1796 elle est détrônée par Saint-Lô*. En 1944 en raison des dommages de guerre plus importants à Saint-Lô, la préfecture est transférée à Coutances, elle y reste jusqu'en 1953. Coutances étant considérablement détruite également,

l'architecte en charge de sa reconstruction, Louis Arretche, essaya de la restaurer dans sa splendeur passée comme il le fit à Saint-Malo. Le jardin des plantes a été créé au XIXe siècle grâce au legs de Jean-Jacques Quesnel de la Morinière (1765-1852). Son hôtel particulier est devenu un musée et le parc associe jardins à l'anglaise, terrasses à l'italienne, bosquets et jets d'eau sur trois niveaux. Depuis plus de trente ans, chaque année au mois de mai, Coutances accueille les meilleurs artistes de jazz pour le festival *Jazz sous les pommiers*.

Couville Les Allemands fondaient de gros espoirs sur l'utilisation des fusées de type V1 et V2 sur lesquelles ils travaillaient depuis le début de la Seconde Guerre mondiale. Les éléments principaux étaient fabriqués en Allemagne et acheminés en France. Une unité d'assemblage installée en 1943 à Couville fut l'objet d'une attaque massive le 11 novembre 1943 par les bombardiers alliés. 160 Marauders américains lâchent sur la commune 300 t de bombes.

Croix nimbées Dans les églises des cantons de Beaumont et des Pieux*, des dalles funéraires à croix nimbées ont été employées dans la construction des bâtiments. Une énigme demeure : doit-on y voir un lien avec

Une dalle funéraire à croix nimbée, réemployée dans le mur extérieur de l'église de Benoistville.

les pratiques religieuses d'outre-manche d'où sont venus les évangélisateurs du Cotentin* ? Lorsque le cimetière de la chapelle Saint-Germain-de-la-mer à Diélette a été envahi par la mer, une fois les tombes et le lieu de culte détruits, les gens du pays ont-ils récupéré les dalles funéraires pour différents travaux de maçonnerie ?

On constate qu'elles ne sont pas dans leur situation d'origine puisque à Tréauville ces dalles servent dans le mur de clôture du cimetière et aux Pieux* de bordures de trottoir. Le dessin le plus courant représente une croix dont la partie supérieure est entourée d'un nimbe, à la base de la croix, un socle de forme triangulaire.

CROSS Ce sigle définit le Centre régional opérationnel de surveillance et de sauvetage placé sous l'autorité du préfet maritime. Les CROSS ont été créés en 1967 à la suite du naufrage du pétrolier *Amoco Cadiz*, qui provoqua une marée noire sur les côtes bretonnes. Il répondait aux conventions internationales de 1958 et de 1960 qui enjoignaient aux états riverains de prendre les mesures nécessaires pour assurer la recherche et le sauvetage des personnes auprès de leurs côtes. Chacun remplit plusieurs missions : la coordination du sauvetage en mer, la surveillance du trafic marchand, la surveillance des pêches, le recueil et la diffusion de l'information concernant les pollutions marines, la diffusion d'informations à caractère maritime. Opérationnel depuis juin 1971, le CROSS Jobourg* couvrait à l'origine un vaste secteur s'étendant de la pointe de la Bretagne à la frontière belge. Depuis un autre CROSS a été mis en place au cap Gris-Nez pour surveiller le pas de Calais. Le CROSS Jobourg emploie cinquante personnes qui travaillent en poste, vingt-quatre heures sur vingt-quatre, 365 jours par an. Ce personnel qui appartient à la Marine nationale est rému-

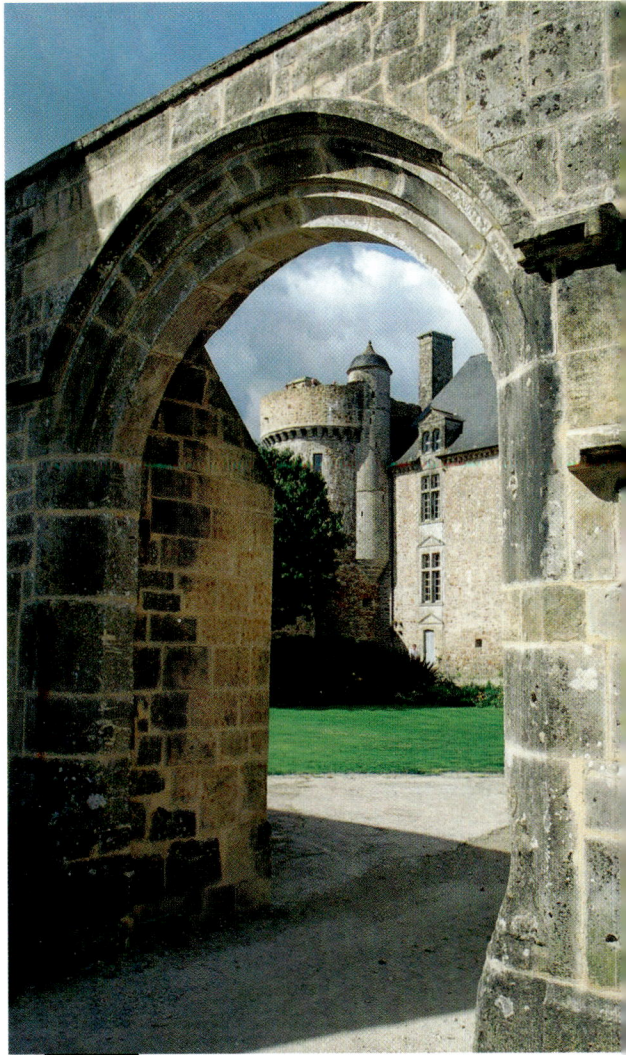

Le porche d'entrée du château de Crosville-sur-Douve.

néré sur le budget du ministère chargé de la Mer. Il assure plusieurs centaines d'interventions par an et s'appuie sur une grande variété de moyens, les canots de sauvetage de la SNSM, les remorqueurs de haute mer, les garde-côtes, les navires de la Marine nationale, les hélicoptères de la Protection civile et travaille souvent en liaison avec son homologue de Grande-Bretagne.

Crosville-sur-Douve (château de)

Entre Saint-Sauveur-le-Vicomte* et Picauville, cet édifice classé monument historique a été couronné à maintes reprises, par le prix Chefs-d'œuvre en péril, le prix Vieilles maisons françaises ou celui de la fondation Marcel Bleustein-Blanchet, ce qui a permis sa remise en état. Le château qui remonte au règne de Louis XIII est l'une des plus importantes constructions de la région. Ses fenêtres à meneaux, coiffées d'un fronton triangulaire, sont caractéristiques du début du XVIIe siècle. Sa tour doublée d'une tourelle d'escalier en encorbellement semble être l'une des parties les plus anciennes de l'édifice.

Cultures maraîchères

Au début du XIXe siècle, la culture céréalière fut abandonnée autour de Cherbourg* au profit de la culture maraîchère, essentiellement des choux-fleurs. Dès le mois de novembre, des tonnages importants de choux-fleurs étaient exportés depuis le port de Cherbourg à destination de l'Angleterre. Carottes, poireaux et pommes de terre figurent en bonne place parmi différentes productions. La carotte des sables de Créances bénéficie d'une appellation d'origine contrôlée, elle est cultivée dans trois régions : Créances, la baie du Mont-Saint-Michel et le Val de Saire*. L'ensemble produit plus de 80 000 tonnes de carottes ce qui fait du département la seconde zone de production en France.

Dans le Cotentin,
les cultures maraîchères
s'étendent jusqu'au rivage.

Cyclisme

La Manche a, dès l'origine, adopté le cyclisme et beaucoup de fêtes communales s'accompagnaient d'une épreuve de course sur route réunissant les meilleurs amateurs de la région. Rappelons qu'originaire d'Hudimesnil, Geneviève Gambillon a été à deux reprises championne du monde sur route en 1972 et 1974 ainsi que Richard Vivien qui fut, en 1987, champion du monde sur route amateur.

Premier coureur de la Manche à terminer le Tour de France, le Valognais Félix Lebuhotel a fini 46e de la grande boucle en 1959. Raymond Delisle est champion de France sur route en 1969 et vainqueur d'étape du Tour à Luchon le 14 juillet. En 1976 il effectuera sa plus belle saison terminant 4e du Tour de France après avoir porté le maillot jaune. Plus récemment, Thierry Marie a brillé sur les routes du Tour, remportant le prologue à plusieurs reprises ainsi qu'une étape en ligne le 11 juillet 1991. Aujourd'hui la relève est assurée par des garçons comme Amael Moinard passé professionnel en 2005.

Un doris échoué
à marée basse.

D-E

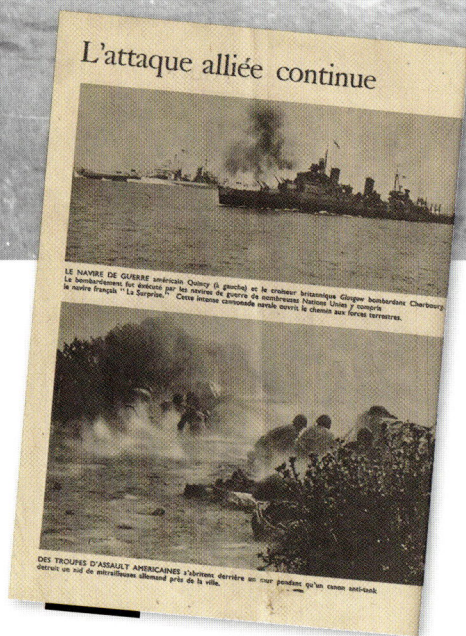

150 000 hommes au total débarquèrent sur les plages de Normandie le matin du 6 juin 1944.

Débarquement Dans la nuit du 5 au 6 juin 1944 l'opération Overlord, la plus grande opération militaire aérienne et maritime jamais organisée, est lancée par les Alliés contre les positions allemandes implantées le long de la côte normande. Les parachutistes américains sont les premiers largués. À l'aube, une impressionnante armada se présente devant la côte normande et 130 000 soldats débarquent sur cinq plages qui entrent dans l'histoire sous leur nom de code : Utah Beach*, Omaha Beach, Gold Beach, Juno Beach et Sword Beach. Le plan mis au point prévoyait de s'emparer de cinq têtes de pont, de les réunir en un front de part et d'autre de la Vire, d'atteindre rapidement Cherbourg*, seul port sur le front de mer, indispensable à

Plan en relief des opérations
aéroportées sur le Cotentin.
Plage de Colleville-sur-Mer.

Decoin (Didier) Journaliste, scénariste et écrivain, Didier Decoin a reçu le prix Goncourt pour son roman *John L'Enfer* en 1977. Né en 1945 en région parisienne et fils du cinéaste Henri Decoin, il a passé ses vacances dans le Cotentin* pendant toute son enfance. Dans *Avec vue sur mer*, prix du Cotentin 2005, il raconte sa recherche d'une résidence secondaire dans cette région, qu'il a finalement dénichée au cap de la Hague* : « j'ai fait ce livre pour dire que je n'habite pas une maison mais que je suis habité par elle... ».

la logistique impressionnante des Alliés, enfin de percer le dispositif allemand pour foncer vers la Seine. Dans la pratique, la situation militaire n'évolua que très lentement en raison d'une farouche résistance allemande. La bataille de Normandie allait prendre fin le 21 août et permettre la libération de Paris le 25 août.

Delisle (Léopold) 1826-1910 Né à Valognes*, diplômé de l'École des chartes, Léopold Delisle a occupé la fonction d'administrateur général de la Bibliothèque nationale de 1874 à 1905. Esprit brillant et érudit, il a contribué à enrichir considérablement le fonds de la bibliothèque par l'acquisition de collections et a écrit de très nombreux ouvrages et articles. Grand spécialiste du Moyen Âge, il a consacré ses premières recherches à sa région natale et a publié en 1903 ses *Études sur les conditions de la classe agricole et l'état de l'agriculture en Normandie au Moyen Âge.*

Démographie La Manche était au début du XIXe siècle le dixième département de France avec une population dépassant les 600 000 habitants. Pourtant le point haut est atteint dans la première moitié du XIXe siècle puis la chute s'amorce puisque l'on ne compte plus que 500 000 habitants au recensement de 1896. L'exode de la population rurale vers les villes s'explique dans la région par la mutation de l'activité agricole. Au milieu du XIXe siècle les labours qui nécessitent une main d'œuvre abondante cèdent devant la prairie et les herbages réclamés par l'élevage laitier.

La mécanisation et la disparition de l'artisanat rural, les moulins à eau, les tisserands, les sabotiers vont participer à cette baisse de la population. Ajoutons que dans beaucoup de communes, les ressources des habitants sont faibles ; les habitations y manquent de confort, voire des simples mesures d'hygiène. Dans ces conditions, même si la natalité est élevée, la mortalité demeure importante, surtout parmi les enfants en bas âge et les femmes en couches. La baisse de la population se poursuivra jusqu'au milieu des années 1960 avant de remonter lentement. En 2007, le département compte 495 144 habitants installés à plus de 50 % dans le Cotentin*.

Demoiselle Ce terme ne désigne pas une jeune fille mais une horloge, dans de nombreuses maisons du Cotentin*. La caisse comprend deux parties, la tête qui abrite le mécanisme et le corps où se trouvent les poids et le balancier. Dans une horloge de type demoiselle, le renflement central habillé d'une vitre permet de suivre le mouvement du balancier. La demoiselle de Saint-Lô* à la fine silhouette pincée est propre à la Manche. Fabriquée en merisier, elle porte un décor sculpté, en principe assorti au buffet auprès duquel elle est placée.

Denneville Des Vikings*, venus du Danemark, se seraient les premiers installés sur ce site, d'où son nom qui signifie « la maison des Danois ». Cette commune du canton de La Haye-du-Puits* est située en bord de mer et abrite une magnifique plage. Réunie à la commune d'Omonville-la-Folliot en 1803 elle dispose de deux églises : l'église paroissiale dédiée à saint Rémi a subi de nombreuses modifications jusqu'au XIXe siècle ; celle

Le château d'Omonville-la-Folliot se trouve sur la commune de Denneville.

d'Omonville, abandonnée puis restaurée, dépendait de l'abbaye de Lessay* par décision de Roger Folliot confirmée par une charte d'Henri Ier, roi d'Angleterre, en 1126. Remarquable pour ses jardins à la française (seuls ces derniers se visitent), le château d'Omonville date des XVe et XVIe siècles. Il a été bâti sur un château féodal qui appartenait aux Folliot, compagnons de Guillaume le Conquérant.

Diélette Le 31 mars 1938, les chantiers navals du Trait en Seine-Maritime reçoivent commande de quatre chasseurs de sous-marins. Pose de la quille le 4 février 1939 et lancement de celui qui s'appelle *Chasseur n° 14* le 31 mai 1940. C'est la Campagne de France et depuis le 10 mai l'ennemi attaque sur les frontières du nord et de l'est. Le 31 mai 1940, le *Chasseur n°14* appareille du Trait pour Cherbourg* où après de rapides essais à la mer il est déclaré bon pour le service actif. Du 2 juin à l'armistice du 18 juin, le chasseur participe aux escortes de convois et au transport de blessés du Havre vers Cherbourg et Brest. Le 18 juin, son commandant décide de quitter Cherbourg pour rallier Porsmouth, où il stationne jusqu'au 30 juillet. Les Forces navales françaises libres sont créées en juillet

1940 mais c'est sous pavillon britannique que ce bâtiment va reprendre du service. En 1941, il est baptisé *Diélette* parce que des soldats anglais faits prisonniers durant la bataille de France et installés dans un camp dans les dunes du secteur Biville-Siouville ont réussi à s'enfuir, cachés dans une des vedettes de la mine. Le *Diélette* participera au raid des Canadiens sur Dieppe le 19 août 1942 et surtout à l'opération Overlord, le débarquement en Normandie du 6 juin.

Digulleville (Guillaume de) 1293-1380

C'est le premier écrivain du Cotentin* passé à la postérité. Il a quitté son village âgé d'une vingtaine d'années pour entrer à l'abbaye cistercienne de Chaalis, à proximité d'Ermenonville, entre Paris et Senlis. Dans ce lieu doté d'une bibliothèque exceptionnelle, il a composé de longs poèmes religieux.

Doris Conçue par un architecte canadien, cette embarcation de bois a été adoptée pour la pêche à la morue sur les bancs de Terre-Neuve et de Saint-Pierre-et-Miquelon. Longue de cinq à six mètres, à fond plat et équipée d'avirons, elle est montée par deux hommes. Au retour de campagne, les armateurs vendaient les doris devenus très populaires dans la région aussi bien pour la petite pêche que pour la promenade, elles sont alors équipées d'une voile.

Mise à l'eau d'un doris.

Dormeur Une des nombreuses appellations du tourteau, connu localement sous le nom « clopoing », « houvet » ou « poupard ».

Drieu La Rochelle (Pierre) 1893-1945 Cet écrivain, ancien combattant de la Première Guerre mondiale, ne cacha pas ses sympathies fascistes. Directeur de la NRF pendant l'Occupation, il est favorable à la collaboration avec l'Allemagne. Il se suicide en 1945

Lieutenant général de Normandie,
Du Guesclin a sa statue à Caen.

à l'âge de cinquante-deux ans. Ses racines bourgeoises et normandes étaient liées au Cotentin*, puisque son grand-père était pharmacien à Barfleur* et son père natif de Coutances*.

Du Guesclin 1320-1380 Élevé par le roi de France Charles V au grade de lieutenant général de Normandie, d'Anjou et du Maine, puis de Grand Connétable, Bertrand Du Guesclin intervient à sa demande en Cotentin*. En 1378, il réussit à s'emparer de Carentan*, Valognes* et Saint-Lô* mais échoue devant Cherbourg*.

Dumouriez (Charles-François) 1739-1823 Nommé par Louis XVI gouverneur militaire de Cherbourg*, le général Dumouriez y passa onze ans et participa activement à la construction du port militaire. Il y accueillit le roi lors de sa visite en 1786. Prenant le parti de la Révolution, il est le vainqueur de Valmy puis de Jemmapes avec Kellermann en 1792 et participe à la conquête de la Belgique. Opposé à la mort du roi mais proscrit par les ultras en raison de sa participation à la Révolution, il meurt en exil en Angleterre en 1823.

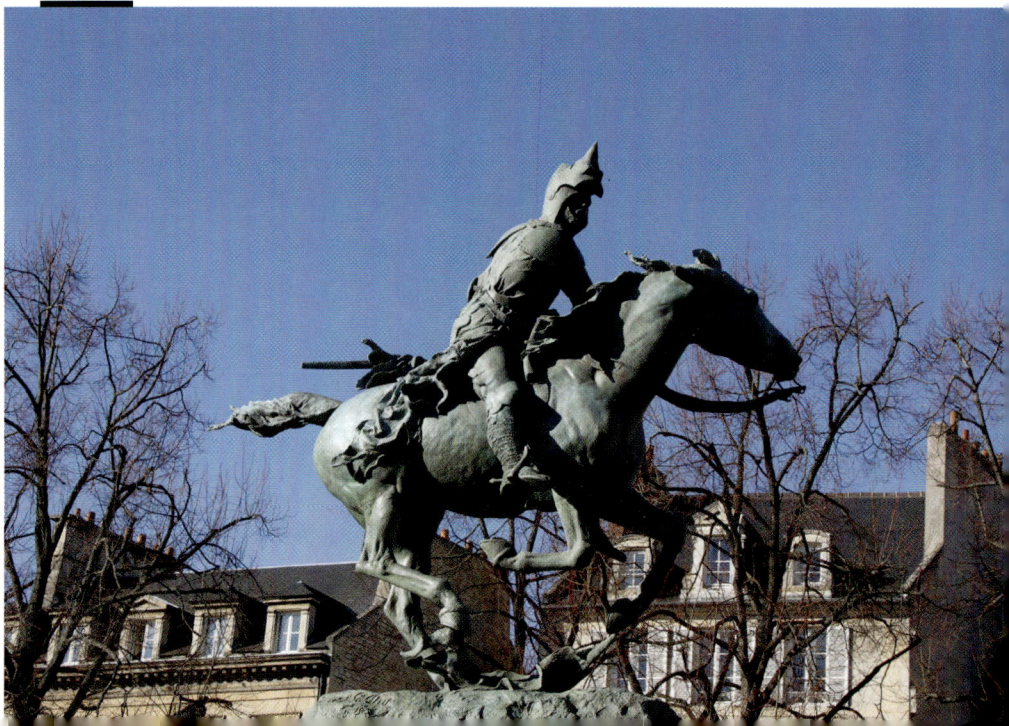

Dunes De la pointe de la Hague* à l'estuaire de la Sienne, la côte ouest du Cotentin* offre une succession d'espaces dunaires : Biville*, Vauville*, Héauville, Le Rozel, Hatainville, Port-Bail. Les dunes servaient depuis 1884 de terrain de manœuvre aux casernes de Granville et de Cherbourg*, ce qui explique pourquoi elles ont échappé à la culture maraîchère mais également aux résidences secondaires et aux lotissements, jusqu'à leur achat par le Conservatoire du littoral en 2006. Les marcheurs y accèdent par le sentier GR 223, qui longe tout le littoral du Cotentin. Un certain nombre de plantes locales s'y épanouissent : certaines sont très communes comme la bette maritime que l'on trouve sur le haut des plages de galets et l'obione, présente aussi bien dans les prés salés que sur certains pans de falaises. Dans les massifs dunaires poussent la soude brûlée, le cakilier, le pourpier des plages ainsi qu'une variété de giroflée.

Des animaux domestiques appartenant à des exploitants agricoles de la commune, bœufs, moutons, chèvres assurent l'entretien des sols. Le grand rhinolophe, une des dix-sept espèces de chauve-souris de Normandie, apprécie de s'installer dans les blockhaus. Le lézard vert est un autre animal singulier, une espèce méridionale à très longue queue, parfois deux fois plus longue que son corps. Les mâles sont d'un vert chou tacheté de jaune et de noir.

Duval-Lemonnier (Léonor) 1891-1965
Né à Sainte-Mère-Église* dans une famille spécialisée dans l'élevage et le commerce des chevaux, Léonor Duval-Lemonnier se reconvertit après la Première Guerre mondiale dans l'épicerie en gros et devient l'un des plus importants intervenants sur ce marché, en appliquant des méthodes de travail acquises auprès des Anglais et des Américains. En 1961, il fusionne avec son principal concur-

Le cordon dunaire du Cotentin, propriété du Conservatoire du littoral se parcoure en suivant le GR 223.

rent Paul-Auguste Halley et crée ainsi un géant de la distribution, le groupe Promodès, absorbé par la suite par Carrefour.

Écausseville
Cette commune possède l'unique survivant des douze hangars à dirigeables construits par la Marine nationale pendant la Première Guerre mondiale. Construit en béton armé, long de 150 m et haut de 30 il était novateur pour l'époque. Les dirigeables effectuaient des missions de surveillance de convois navals au-dessus de la Manche, ils ont été abandonnés en 1936.

Le hangar à dirigeables d'Ecausseville est géré par une association qui a pour but de redonner une activité aérostatique à ce site.

Pendant la Seconde Guerre mondiale, le bâtiment est utilisé par les troupes allemandes puis par les Américains pour l'entretien et le stockage de leurs camions pendant la bataille de Normandie. Il reste entrepôt de la Marine jusqu'à son classement comme monument historique en 2003. Géré par une association, il est ouvert au public.

Enault (François) 1869-1918

Né à Varenguebec* le 28 mai 1869, François Enault fut peintre, caricaturiste et écrivain. Fils d'instituteur, il renonça rapidement à ses études de droit à Paris pour créer avec Louis Beuve* le *Bouais Jan**, association des Normands de la Manche vivant en région parisienne, et le bulletin du même nom. Journaliste à *Arts, Lettres et Sciences*, collaborateur du *Journal de la Manche*, ses récits ont été rassemblés dans un livre intitulé *Les Propos de Jean Finot*. Ses peintures, dessins et aquarelles s'inspirent de son Cotentin* natal. Il est décédé à Paris le 24 novembre 1918.

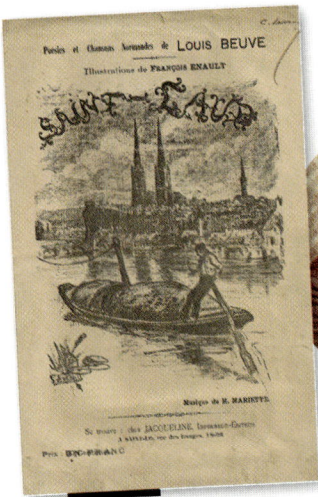

Peintre et écrivain, François Enault illustra de nombreuses œuvres de ses amis, ici les chansons normandes de Louis Beuve.

Énergie nucléaire

Le Cotentin* est particulièrement associé au développement de l'énergie nucléaire, civile et militaire depuis 1958 et la décision du général de Gaulle de privilégier la force de dissuasion nucléaire et l'électricité civile nucléaire.

C'est en 1964 à Cherbourg* que débute la construction du *Redoutable*, premier sous-marin français à propulsion nucléaire et depuis 1958 Cherbourg accueille l'École d'application militaire de l'énergie atomique qui forme les officiers et les techniciens.

Le 23 août 1960, le Commissariat à l'énergie atomique annonce officiellement le lancement d'une unité de traitement des déchets nucléaires. Implantée à Jobourg* elle entre en fonction en 1966.

Depuis 1986 la centrale nucléaire de Flamanville opérée par EDF produit de l'électricité. Actuellement un nouveau programme EPR est en cours de réalisation, il devrait être mis en service en 2016.

La centrale nucléaire de Flamanville.

Épis de faîtage

Les origines historiques des épis de faîtage, qui viennent symboliquement et gracieusement terminer la construction ou la restauration d'une maison, restent indéterminées. Dans le Cotentin*, ces derniers sont dès le XVIIe siècle fabriqués en terre vernissée et figurent le plus souvent des pigeons, ailes déployées ou refermées. Appelés couramment « gaudions », ils couronnent les tuiles faîtières ou les toitures des lucarnes.

Équeurdreville-Hainneville

Située à la périphérie de Cherbourg-Octeville*, c'est la seconde ville de la communauté urbaine de Cherbourg et la troisième ville du département. La ville d'Équeurdreville a fusionné en 1964 avec sa voisine Hainneville. Cette

localité, devenue chef-lieu de canton en 1973, s'est beaucoup développée depuis 1970.

Elle est l'une des rares villes en France à posséder un monument aux morts pacifiste, décidé par son maire Hippolyte Mars, qui porte la mention « que maudite soit la guerre » sur son piédestal et, en partie supérieure la statue d'une veuve éplorée accompagnée de ses enfants.

La Marine nationale avait fait construire entre les deux guerres, sur le site de Brécourt, d'importants réservoirs de stockage de combustibles pour ses navires qui furent sabotés

Le monument aux morts pacifiste
d'Equeurdreville-Hainneville.

en 1940 lors de la prise de Cherbourg*. Pendant l'Occupation, les Allemands avaient entrepris la construction de rampes de lancement de fusées V1 et V2 sans mener les travaux à leur terme. Ce site est classé monument historique depuis 1995.

Personnalités locales : Hippolyte Mars (1870-1959) maire d'Équeurdreville pendant plus de cinquante ans, qui façonna la ville moderne. Marcel Mouchel, né le 13 février 1927, international de football et joueur de l'AS Cherbourg.

Étrille Dans la famille des crabes, les puristes placent au-dessus du lot l'étrille à la carapace rouge et veloutée après cuisson.

Prise de choix des pêcheurs à pied, elle est décrite par l'écrivain cherbourgeois Michel Besnier comme un mets de choix : « Si la sagesse, si l'épicurisme devaient s'enseigner, ce serait en mangeant des étrilles. » Elle est appelée parfois « anglette » en raison de sa couleur rouge qui rappelle les uniformes anglais d'autrefois.

Eustache le Moine Originaire de la côte d'Opale, il est le premier des corsaires* qui ont écumé la Manche. Eustache le Moine est un défroqué qui, en 1205, met son épée et ses bateaux au service de Jean sans Terre après qu'il a perdu la Normandie et alors qu'il souhaite expulser les Français des îles de la Manche. Le corsaire fait de la petite île de Sercq, devant Guernesey, son repaire d'où il part pour piller et rançonner le littoral du Couesnon jusqu'à l'embouchure de la Seine.
Au gré des alliances il combat tour à tour pour les rois de France et d'Angleterre. Ses volte-face lui furent fatales et Eustache le Moine, capturé par les Anglais lors d'une expédition menée pour le roi de France, meurt décapité.

Ex-voto Exposés aux dangers de la vie en mer, les marins, revenus sains et saufs d'une situation dramatique, viennent remercier Dieu ou ses saints en offrant un ex-voto. Cette marque de reconnaissance s'effectue le plus souvent sous forme d'une maquette de bateau, d'un tableau ou d'une plaque de marbre. Ces objets sont posés ou suspendus dans des églises ou des chapelles de marins, comme à Gatteville, à Barfleur*, à Auderville* ou à Gonneville sur la commune de Blainville-sur-Mer, fréquentée par les pêcheurs de Terre-Neuve. Ces ex-voto constituent un témoignage émouvant de la vie des populations du littoral.

Le fort de Fermanville au cap Lévi fut un temps la propriété de Félix Amiot, il a été reconverti en lieu d'hébergement par le conseil général de la Manche.

Fermanville Cette commune du canton de Saint-Pierre-Église*, située sur la côte nord du Cotentin* entre Cherbourg* et Barfleur*, compte 1 408 habitants. Ses carrières de granit, très actives au XIXe siècle, lors de la construction du port de Cherbourg et du phare de Gatteville, continuent de produire à une échelle plus modeste différents produits, cheminées, linteaux, portails et divers éléments décoratifs.

La ligne de chemin de fer Cherbourg-Barfleur* empruntait le viaduc de Fermanville, long de 245 mètres, haut de 32 mètres et composé de 20 arches. Inauguré en juillet 1911, plusieurs de ses piles furent détruites par les Allemands en 1944. La ligne sera remise en service en 1947 puis fermée en 1950 en raison de la concurrence de l'autocar et des voitures. Le fort du cap Lévi* a été construit sous Napoléon Ier pour protéger la navigation côtière très active dans l'acheminement des blocs de granit extraits de la carrière du Mont-des-Chèvres, vers différents chantiers en Normandie et en région parisienne.

Le phare fut construit entre 1854 et 1858. À compter de 1899 il devenait un feu éclair à éclats rouges d'une portée de 30 kilomètres. Dynamité par les troupes d'occupation le 24 juin 1944, il a été remplacé par un nouveau phare mis en service le 25 mai 1949 d'une portée de 40 kilomètres. À proximité se trouve un sémaphore de la Marine nationale du XIXe siècle.

Une station de sauvetage a été installée dans le port depuis 1887. En 1932 le sous-marin français *Prométhée* sombrait accidentellement au large du cap Lévi. En 1968 les grandes marées mettaient à jour les éléments d'une barque médiévale datée du VIIe siècle. Longue de 18 mètres et large de 6 mètres elle devait avoir servi de sépulture à un personnage important. C'est le seul témoignage des techniques maritimes du haut Moyen Âge découvert en Cotentin*.

Feuillet (Octave) 1821-1890 Né à Saint-Lô* le 11 août 1821, Octave Feuillet refuse de se consacrer à la diplomatie comme le voulait son père pour choisir le journalisme et la littérature. Ses premières pièces ont pour titre *Échec et mat* (1846), *La Vieillesse de Richelieu* (1849). Ses pièces sont régulièrement jouées à la Comédie française et appréciées de l'impératrice Eugénie. Il rencontre un très grand succès avec le *Roman d'un jeune homme pauvre*, publié en 1858. Élu à l'Académie

LA BASSE-NORMANDIE PITTORESQUE
1564 - FERMANVILLE (Manche)- Le Viaduc (long. : 245 m. ; haut. : 32 m. – 20 arches)
Au loin, le Clocher de Fermanville et la Plage de la Mondrée

Aujourd'hui désaffecté, le viaduc de Fermanville offre une très belle vue sur la vallée des moulins.

française le 3 avril 1862, il siégera jusqu'à sa mort survenue à Paris en 1890. Octave Feuillet a écrit un grand nombre de textes dans la propriété des Paillers à Saint-Lô*, un endroit dont il appréciait le calme et la sérénité, loin de l'agitation parisienne et des obligations de la cour impériale. Oublié aujourd'hui, cet écrivain a brillé pendant une trentaine d'années au firmament des lettres, jouant comme Hector Malot sur les bons sentiments et les idées généreuses, gardant à distance les tenants du naturalisme tel Zola.

Fierville-les-Mines

Datant de 1744, le moulin de Fierville-les-Mines a été restauré en 1997 par la communauté de communes de Port-Bail*. Sa restauration a porté sur le bâti mais également sur la machinerie ce qui est beaucoup moins habituel. C'est l'un des rares de cette époque qui fonctionne en France. À nouveau, le meunier moud du blé, du sarrasin* et de l'épeautre, selon des gestes ancestraux.

La grange en bois et toit de chaume abrite une boutique de produits locaux et un ensemble muséographique. Situé à 120 mètres d'altitude, l'endroit offre un point de vue exceptionnel sur la campagne et les îles Anglo-Normandes*.

Depuis plus de quatre cents ans, la foire agricole Saint-Gilles se tient au pied du moulin à la fin du mois d'août. Foire aux moutons, exposition de matériel agricole et marché du terroir sont au rendez-vous.

Flamanville

Le nom de Flamanville est surtout connu du grand public par association avec le nucléaire*. Le premier référendum d'intérêt local a été organisé dans cette commune en 1975 à l'initiative du maire de l'époque, Henri Varin, pour valider l'implantation d'une centrale nucléaire EDF sur son territoire. Deux réacteurs à eau pressurisée ont été mis en service respectivement en 1986 et 1987. Un troisième réacteur est en construction et sera mis en service en 2016, il sera le premier Réacteur pressurisé européen (EPR). La construction de la centrale a fait disparaître un site fameux, le trou Baligan. Jean Fleury* dans *Littérature orale de Basse-Normandie* est le premier à reprendre le fait merveilleux dont il aurait été le théâtre. « Un serpent gigantesque, véritable monstre, s'était établi autrefois dans cette caverne dont il sortait de temps en temps pour s'emparer des enfants qu'il trouvait sur son chemin ; il les emportait dans son antre pour les dévorer, et quand il les avait dévorés, il se mettait en quête d'une nouvelle proie. »

Un matin, saint Germain à la Rouelle aborda devant cet endroit et de sa crosse toucha le corps de l'animal qui était sorti à demi de son antre. « À ce contact, l'animal se tordit, effectua quelques mouvements convulsifs, puis

Le moulin à vent de Fierville-les-Mines, entièrement restauré, fonctionne à nouveau.

La centrale nucléaire de Flamanville en cours de construction.

demeura immobile et s'incrusta dans un bloc de granit où on a pu le voir jusqu'au commencement du XIXe siècle. »

Mais cette agglomération du canton des Pieux* dispose d'autres atouts : le château, désormais propriété de la commune, est décrit avec enthousiasme par Jean de La Varende* dans *Châteaux de Normandie* : « C'est un ensemble grave mais d'une harmonie si puissante qu'elle soulève l'enthousiasme [...]. » Le parc et le bois sont ouverts au public toute l'année.

Dans la cour du sémaphore qui domine le cap de Flamanville on remarque un dolmen appelé Pierre au Rey, composé d'un œuf de granit de dix tonnes s'appuyant sur trois blocs. Les scientifiques considèrent que ce monument imposant pose plus de questions qu'il n'apporte de renseignements sur son origine.

Depuis le port de pêche de Diélette, on exportait le granit de la région et le minerai de fer exploité sous la mer.

Personnalités locales : Lucien Goubert*, 1887-1964, peintre.

Flammarion (Camille) 1842-1925 L'astronome Camille Flammarion est venu à Diélette en 1867 pour y écrire quelques chapitres de son *Histoire du Ciel* commandée par l'éditeur Hetzel. Il en donne un récit vivant et animé dans ses *Mémoires biographiques et philosophiques d'un astronome* publiés en 1911.

Fleury (Jean) 1816-1894 Né à Vasteville dans le canton de Beaumont-Hague*, cet écrivain du XIXe siècle s'est fixé en Russie de 1857 à 1892. Linguiste passionné, il s'est intéressé au patois normand sur lequel il a publié un essai en 1886. Il y indique comment prononcer les mots utilisés dans le Cotentin* mais également dans les îles Anglo-Normandes*. Il répertorie de nombreux mots issus du patois et aujourd'hui tombés dans l'oubli comme le mot « racache » qui

désigne un long fouet servant à ramener les animaux à la ferme. Il publie en 1889 *Littérature orale de Basse-Normandie*, un ensemble de contes, légendes et récits recueillis à la veillée ou racontés par tradition orale. Il est le père de l'écrivaine Henry Gréville*.

Flie Nom local pour désigner la patelle ou « chapeau chinois », *patella vulgata*. La marchande de flies, souvent miséreuse, appartenait au bas de l'échelle sociale. Elle est mise en scène dans un poème de Louis Lansonneur :

« Quand s'allument le soir, les premiers
    réverbères,
Elle parcourt la ville avec son lourd panier.
Et, dans la rue où passe, en hâte, l'ouvrier,
Elle offre, en hésitant, sa pêche aux
    ménagères. »

Flottemanville-Bocage Cette petite commune du canton de Montebourg*, située tout près de Valognes*, compte plusieurs jolies demeures comme le hameau Aubret, une grosse ferme du XVIIe siècle, le manoir du Ruage ou le manoir de la Navette, bâtiment du XVIe dont la façade a été rhabillée au XVIIIe. On accède au château de la cour Flottemanville par une longue avenue bordée d'arbres qui commence à la hauteur de l'église. C'est l'édifice le plus intéressant même s'il ne reste rien des douves ni des murailles qui marquaient son caractère défensif. La façade est soulignée par deux jolies tours d'angle dont l'une donne accès au mécanisme de l'horloge. Côté parc, on remarque une petite chapelle accolée au château et une tour avec échauguette.

Foires et marchés Si l'esprit des habitants du Cotentin* s'exprime toujours, c'est bien dans les foires et les marchés. Les marchés se tiennent à jour fixe dans chaque chef-lieu de canton et cela depuis l'époque médiévale. Longtemps le commerce du beurre a constitué l'essentiel des échanges car les paysans le fabriquaient eux-mêmes. Avec l'implantation des laiteries, le jour de la paie du lait

La cour d'entrée du château de Flottemanville-Bocage, aménagé en chambres d'hôtes.

deviendra le jour du grand marché quand le paysan reçoit en paiement, une fois par mois, la valeur de sa fourniture. Chacun va alors s'approvisionner en produits manufacturés et se désaltérer dans les débits de boissons.

Au début du XXᵉ siècle, on dénombrait plus de 400 foires dans l'ensemble du département de la Manche. Certaines étaient couplées avec une louerie*, le marché aux domestiques et ouvriers agricoles, qui s'est tenu jusqu'au début des années 1960.

Les foires sont exceptionnelles et peuvent durer plusieurs jours. On y vient d'une cinquantaine de communes aux alentours mais parfois de beaucoup plus loin pour le commerce des animaux, chevaux, vaches et moutons. Les années 1980 ont vu leur déclin. La foire à ne pas manquer reste, encore aujourd'hui, la foire de Lessay*, foire millénaire qui offre un spectacle haut en couleurs sur un champ de foire où se mêlent paysans, camelots, forains, rôtisseurs et promeneurs.

Follain (Jean) 1903-1971
Né à Canisy* où résidaient ses grands-parents, Jean Follain poursuit ses études à Saint-Lô* puis à Caen avant de se fixer à Paris. Marié à une Granvillaise, la fille du peintre Maurice Denis, il publie différents recueils de souvenirs comme *L'Épicerie d'enfance*, *Canisy* ou *Chef-Lieu*. Son recueil *Usage du temps* est toujours disponible chez Gallimard dans la collection « Poésie ».

Fontaines
Elles sont présentes dans de nombreux villages du Cotentin*, célèbres par les croyances populaires qui s'y rattachent ; ainsi la fontaine de Saint-Marcouf était-elle censée guérir des écrouelles et d'autres maladies de la peau.

Fouace (Guillaume) 1837-1895
Fils de cultivateur, Guillaume Fouace montra des talents certains pour le dessin dès son enfance. Remarqué par le conservateur de Cherbourg*

La rue principale des Pieux, un jour de foire, au début du XXᵉ siècle.

il obtient une bourse pour étudier à Paris. En 1870 il participe au salon de Paris, premier signe de reconnaissance. Marié à une Cherbourgeoise, le couple alterne les séjours à Paris et dans le Cotentin*. Le peintre réalise des fresques évoquant la vie de Jésus, pour l'église de Montfarville*. Ce travail, dans le goût sulpicien de l'époque, n'est pas le meilleur de Fouace. Il excelle dans les natures mortes mais également dans les scènes de campagne comme *La Dernière Fileuse de mon*

village ou *Un baptême à Réville*. Il participe à l'Exposition universelle de 1889 et obtient de nombreuses récompenses qui confortent sa réputation et sa fortune. Il succombe en janvier 1895 à une grippe infectieuse. Après sa mort, l'École des beaux-arts de Paris organise une exposition de deux cent trente-cinq de ses œuvres venant à la fois de collections privées et de l'atelier de l'artiste. Le musée Thomas-Henry de Cherbourg lui consacre la totalité d'une salle et quelques-unes de ses œuvres sont aussi exposées au musée d'Orsay.

Foucarville Dans l'église dédiée à saint Lô de cette petite commune du canton de Sainte-Mère Église* se trouve une exceptionnelle tour eucharistique octogonale en bois de chêne polychrome et doré, d'une hauteur de trois mètres pour une largeur de cinquante centimètres.

Composée de quatre niveaux, le premier étage forme le tabernacle, elle est ornée sur chaque face de panneaux à claire-voie reproduisant des fenestrages flamboyants. Le dernier étage est terminé par une flèche hérissée de crochets et couronnée d'une croix. Elle est placée au milieu de l'autel comme le veut la règle depuis le concile de Trente.

Fraude Le statut des îles Anglo-Normandes* et leur proximité des côtes anglaises comme françaises facilitaient l'essor spectaculaire du commerce de contrebande. Les Anglais étaient preneurs d'alcools, de vin et de savon tandis que les Français acheteurs de tabac, de poudre et, parfois de bas et de chaussettes.

Selon les époques, les fraudeurs seront remplacés par les capitaines corsaires* ; le Chevalier de Rantot (1654-1720) figure parmi les célébrités locales en disposant de nombreuses cachettes secrètes pour y dissimuler les fruits de la contrebande, essentiellement des textiles, qu'il pratiquait à bord de la *Belle-Anne*.

La Hague* n'est pas le seul site dévolu aux fraudeurs ; le Val de Saire* n'y échappe pas et à Fermanville* le hameau Renouf a longtemps été connu sous le nom de *Hamé ès fraudeurs*, ce qui justifie l'implantation d'une patache des douanes dès 1740. Au milieu du XIXe siècle, l'écrivain Charles Canivet, originaire de Valognes*, écrivait : « Nos riverains, bercés avec les honteuses et barbares histoires des pontons, considéraient la fraude, non comme une revanche assurément, mais comme une sorte de petite vengeance, et ils employaient pour l'accomplir toutes les ressources de leur audace et de leur imagination. Aujourd'hui, les vieux nids de fraudeurs échelonnés le long de la côte, en face des îles de l'archipel normand, n'ont l'air que d'habitations très recommandables et de l'aspect le plus honnête et le plus hospitalier. »

Monument élevé aux frères Frémine, poètes, et à Armand le Véel, sculpteur, à Bricquebec leur village natal.

Frémine (les frères) On parle des frères Frémine comme on dirait les Goncourt, les Gourmont ou les Tharaud. Tous les deux journalistes et écrivains, très attachés à leur Normandie d'origine, ils n'ont publié qu'un seul livre ensemble, une biographie du poète Armand Lebailly. Aristide, l'aîné (1837-1897), feuilletoniste au *Figaro*, a publié en 1886 une épopée en vers, *La Légende de Normandie*, qui célèbre le mythe viking et quelques romans dont *La Demoiselle de Campagne* qui dépeint leur ville natale de Bricquebec* sous le nom de « Bourg-des-Bois » en 1892.

Le cadet, Charles (1841-1906), était également très attaché à Bricquebec* : « Un nom rude mais qu'il m'est doux d'entendre. » D'abord employé des Chemins de fer de l'Ouest, il rejoint son frère à Paris et se consacre également à l'écriture. On retiendra en particulier *Vieux airs et jeunes chansons*, recueil paru en 1884 et surtout *La Chanson du pays, récits normands* en 1893.

À l'initiative du maire de Bricquebec*, Marcel Grillard*, le sculpteur Robert Delandre a réalisé en 1929 une statue qui associe les frères Frémine et le sculpteur Armand Le Véel.

Fuchsia Avec les hortensias, les fuchsias sont parmi les plantes les mieux adaptées à la région. Elles y prospèrent. On en voit de beaux spécimens à Saint-Vaast-la-Hougue* et dans la Hague* dans le village d'Omonville-la-Petite, au bord de la route qui conduit à la maison de Prévert*.

Le phare de Goury.

Gabare Bateau fluvial de transport à fond plat, la longueur et le gréement peuvent varier d'un type à l'autre. Les gabares qui naviguaient sur les cours d'eau du Cotentin* et du Bessin pour y transporter des matériaux de construction, de la tangue de la baie des Veys*, de la chaux de Liesville et des pavés en grès de Rauville-la-Place, pouvaient atteindre une quinzaine de mètres de longueur. Éléments familiers du décor, elles ont été chantées par le poète patoisant Louis Beuve* :

> « Vous passez, mes gabares lentes
> Comme un beau rêve dans la nuit. »

Elles étaient halées à l'aide d'un grelin, une longue corde tirée depuis la berge par un marin tandis que l'autre barrait l'embarcation. Pour aider à la navigation, on pouvait hisser une voile que l'on abattait avec le mât pour passer sous les ponts. Parfois on la faisait avancer en s'appuyant sur un long fourquet, une gaule en bois piquée au fond de la rivière et sur laquelle un ou deux hommes s'arc-boutaient.

Câche Brioche confectionnée avec de la pâte à pain et des œufs.

Gatteville (phare de) Le phare de Gatteville a longtemps été le phare le plus haut de France avec ses 75 mètres. À ses côtés une petite tour, celle de l'ancien sémaphore, construit au XVIIIᵉ siècle. Mis en service le 1ᵉʳ novembre 1775, il fonctionnait au charbon monté à dos d'hommes. Ne pouvant le surélever, l'administration royale confie en 1829 la construction d'un nouveau phare à l'ingénieur des Ponts et Chaussées Charles-Félix Morice de La Rue à qui on doit également le phare de Goury*. 110 000 blocs de granit, extraits des carrières de Fermanville*, furent nécessaires à la réalisation de cet édifice de 75 mètres de haut, 9 mètres de diamètre à la base, 6 mètres à la plate-forme, 365 marches et 52 fenêtres. Il est électrifié depuis 1892 et son rayon lumineux porte à 50 kilomètres. Depuis son sommet le paysage est étonnant, merveilleux.

Le phare de Gatteville.

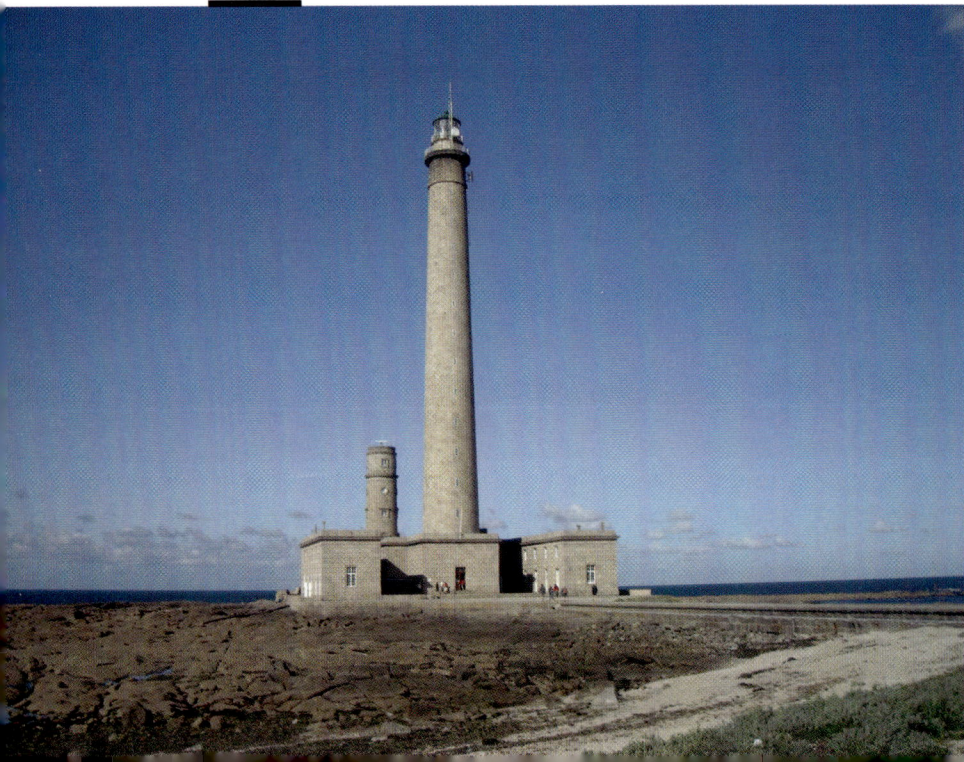

Des navires, gros et petits, croisent au large. Côté terre, le quadrillage des champs de légumes joue les nuances de vert. Au pied du phare, l'étang de Gattemare s'abrite derrière un cordon dunaire qui le sépare de la mer.

À proximité s'élève la petite chapelle des marins consacrée à Notre-Dame-de-Bon-Secours que les marins vénèrent en de nombreux points du littoral. On y trouve ici les restes d'un trois-mâts échoué au large du phare en 1860.

Gerville (Charles Duhérissier de)

1769-1853 Né à Gerville, petite commune du canton de Lessay*, le jeune Charles suit des études à Coutances* puis à la faculté de droit de Caen. Pendant la Terreur, en 1792, il rejoint les armées émigrées en Belgique puis se fixe en Angleterre où il étudie la botanique.

De retour en France en 1801, il s'installe d'abord dans la propriété familiale de Gerville puis à Valognes* ; il s'adonne en hobereau érudit à toutes sortes de recherches en histoire naturelle et en géologie. Il est également l'un des fondateurs de l'histoire de l'architecture et à partir de 1814 il répertorie toutes les églises de la Manche avec leurs caractéristiques architecturales. Il correspond avec Arcisse de Caumont* et est sans doute à l'origine de l'emploi du mot « roman » pour caractériser le bâti des XIe et XIIe siècles. Ses recherches ont été rassemblées sous le titre *Études géographiques et historiques sur le département de la Manche*, Cherbourg*, 1854 ; une mine d'informations pour les historiens d'aujourd'hui.

Godefroy (Pierre) **1915-1992** Né en 1915 à Octeville l'Avenel dans le canton de Quet tehou*, il a été journaliste, spécialiste des questions agricoles à *La Presse de la Manche* de 1951 à 1958, député de la Manche (1958-

1988) et maire de Valognes* (1977-1983). Prisonnier de guerre en 1940, il tentera à huit reprises de s'évader. Interné dans un camp disciplinaire en Pologne, il parviendra à s'enfuir vers l'Ukraine avant de rentrer en France. Il racontera cette épopée dans un livre de souvenirs, *Comme la feuille au vent* (1948).

Gofiche Appellation locale pour désigner l'ormeau ou haliotide. En variante on peut trouver « goufigue » ou « goufique » mais également « oreille de Saint-Pierre ». L'ormeau, *haliotis tuberculata*, est un gastéropode qui mesure treize centimètres et peut vivre une quinzaine d'années. Sa pêche se pratique du 1er septembre au 14 juin pour les amateurs, sans équipement de plongée et limite les prises à vingt pièces par jour et par personne. Sa chair est particulièrement appréciée des gastronomes en France, comme au Japon.

Goubelin Le « goubelin » est le plus fameux des lutins, personnage plus malicieux que méchant. Il aime les plaisanteries, les blagues, les farces d'écolier, mais sait parfois se mettre en colère et corriger les enfants peu sages. Il aime se transformer et prend parfois les allures d'un villageois.

Ces goubelins sont restés longtemps au centre des histoires villageoises qui se racontaient à la veillée. Alfred Rossel, le célèbre chansonnier cherbourgeois, leur a consacré une chanson :

« Du temps que ma grand'mère vivait
Voilà bien des années
À la veillée on ne parlait
Que d'goubelins et de contes de fées,
De lutins et de revenants,
De sorciers qui se changeaient en bêtes,
Rien qu'd'en parler, mes bonnes gens,
Les cheveux m'en dressent sur la tête. »
Tout le monde reprenait le refrain :
« Défi'ous, défi'ous des goubelins
Qui rôdent, le soir, dans les chemins. »

Le père Brumant a incarné
le café du vieux pêcheur
pour Lucien Goubert.

Goubert (Lucien) 1887-1964

Même si son nom ne leur est pas connu, Lucien Goubert appartient à l'univers familier des habitants du Cotentin*. Son portrait d'un vieux pêcheur figure depuis 1932 sur les paquets de café de la même marque. Son histoire commence modestement au village de Caubus, à la Cad'huse, en 1887, sur la commune de Flamanville*. Son père est tailleur de pierres, mais Lucien souhaiterait devenir marin-pêcheur. Une infirmité l'en empêche et il étudie le dessin à Cherbourg* tout en suivant une formation d'ébéniste. Dans un premier temps, il exerce comme photographe portraitiste à Bricquebec* jusqu'à ce qu'il puisse vivre de ses dessins et de sa peinture à partir de 1924. Familier du sentier des douaniers, le bord de mer reste son univers préféré. Il excelle à saisir le mouvement des flots qui remontent la Manche avant de mourir dans l'anse de Sciotot ou dans la baie d'Ecalgrain.

L'artiste Lucien Goubert s'est consacré à représenter le Cotentin, ci-dessus la charette à âne, ci-dessous la pêche à pied.

Gilles Picot de Gouberville a laissé
un témoignage précieux sur les
travaux et les jours dans le Cotentin
au XVIe siècle.

Gouberville (Gilles Picot de) 1521-1578

En tenant son journal, entre 1549 et 1562, Gilles de Gouberville, gentilhomme normand, a laissé un précieux témoignage sur la vie quotidienne dans la campagne du Cotentin*. Lieutenant général des Eaux et forêts, seigneur de Gouberville, du Mesnil-au-Val et de Russy, il ne reste quasiment rien de son manoir de Barville ; juste une tour massive dont la partie supérieure abritait un pigeonnier, et la partie inférieure une chapelle.

Ce livre de comptes fourmille de détails sur les travaux des champs, les festivités entre hobereaux, les foires et les marchés, l'arrivée des navires hauturiers à Barfleur*, etc. Ce précieux manuscrit a été découvert au XIXe siècle, il est incomplet, mais a été édité en quatre volumes sous le titre *Le Journal du sire de Gouberville* aux éditions des Champs.

Une tour est tout ce qui reste
du manoir de Barville, domaine
de Gilles de Gouberville.

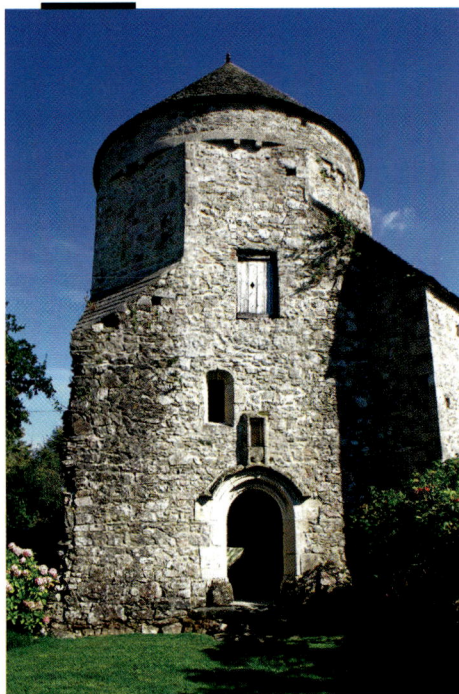

271 Environs de Cherbourg - La Hague - Sortie du Port de Goury

Gourmont (Remy de) 1858-1915 Cet écrivain issu d'une vieille famille du Cotentin* a été pensionnaire au lycée de Coutances*. Bien que parti pour Paris et ne revenant à Coutances que pour des vacances, il estimait qu'il était né à la littérature dans cette petite ville qui a élevé une stèle à sa mémoire. Sa carrière littéraire commence en 1886 avec un premier roman *Merlette* alors qu'il est employé à la Bibliothèque nationale.
En 1889 il fait partie du groupe d'intellectuels qui fonde le *Mercure de France* auquel il collabore pendant plus de vingt-cinq ans. Atteint d'un lupus qui le défigure, il renonce à toute vie sociale et se consacre à l'écriture de nombreux articles, romans, pièces de théâtre et poésies. Après son décès, son frère Jean de Gourmont publiera de nombreux inédits dont *Lettres à Sixtine* (1921) adressées à Berthe de Courrière qu'il aima passionnément.

Des pêcheurs sortent du port de Goury sous voile.

Goury Port de la commune d'Auderville*, il est situé à l'extrême pointe du Cotentin où les forts courants rendent la mer très dangereuse à la navigation. En 1823, année marquée par 27 naufrages, la construction d'un phare fut décidée. Mis en service en 1837 après trois ans de travaux, il a été réalisé en granit de Flamanville* et se dresse sur le rocher, le Gros du Raz. L'ingénieur Morice de La Rue a dirigé le chantier. Haut de 48 mètres, le phare projette son faisceau lumineux qui porte à 18 milles en mer. En 1940 les Allemands l'ont occupé et le phare resta éteint jusqu'en juillet 1944. Électrifié en 1971 il a été automatisé en 1989 et ses derniers gardiens l'ont abandonné en mai 1990. Depuis 1870 un canot de sauvetage permet aux sauveteurs de porter rapidement secours aux navires en difficulté dans le raz Blanchard. En 1928 un abri de forme octogonale a été construit : devenu trop étroit pour le canot de sauvetage tout temps, il a été largement remodelé grâce au concours financier du Conseil général. Un peu à l'écart, une croix rappelle le naufrage du sous-marin *Vendémiaire** en 1912 lors de manœuvres avec l'escadre de Brest.

Vue aérienne du port de Goury et de l'abri du canot.

Goutte C'est le nom local de l'eau-de-vie de cidre. Autrefois il n'était pas envisageable de prendre un café sans l'accompagner d'une goutte. Considérés comme des boissons anodines par le plus grand nombre, l'eau-de-vie et le cidre se voyaient même dotés de vertus thérapeutiques pour les humains et pour les animaux domestiques. Les mises en garde du maître d'école contre les méfaits de l'alcoolisme n'y changeaient rien. On apprenait très tôt aux enfants que boire de l'eau donnait des grenouilles dans le ventre. Chaque

Scène de Cabaret par Guillaume Fouace, musée maritime de l'île de Tatihou.

tournée d'alcool qui suit la tasse de café porte un nom correspondant à la gradation de la consommation : rincette, sur rincette, gloria, déchirante, coup de pied au cul. Il est alors temps d'essayer de se lever.

Grade Le mot « grade » ou « gradille » désigne la groseille à grappes. Il vient du scandinave *gaddr*, épine.

Graignes (hippodrome de) Créée en 1946, la Société des courses de Graignes, commune du canton de Saint-Jean-de-Daye, a remarquablement aménagé l'hippodrome et en a fait le Vincennes normand, célèbre pour ses épreuves de courses de trot.

Granit Que l'on soit à Flamanville* ou plus à l'est, du côté de Fermanville*, l'extraction du granit a été une activité fort soutenue dans la région, non seulement pour les grands travaux maritimes, ports, phares, mais aussi pour les besoins de la Capitale. Des caboteurs partaient des petits ports de la région et remontaient la Seine jusqu'à Rouen avant de transborder leur chargement sur des péniches. Le granit arrivait enfin à Paris et nous le retrouvons sur la place de la Concorde.

Grasset Lampe à huile en métal ou en poterie utilisée pour s'éclairer dans les fermes.

L'hippodrome de Graignes.

Gratot Cette commune de 612 habitants du canton de Saint-Malo-de-la-Lande conserve les ruines d'un château dont la construction s'est échelonnée entre le XIVᵉ et le XVIIIᵉ siècle. Il a appartenu pendant cinq siècles à la famille d'Argouges qui le vendit en 1771. Ses propriétaires successifs le laissèrent à l'abandon. L'accès à la cour intérieure se fait par un pont-levis situé devant un pavillon massif et carré. De part et d'autre, les communs, très longs, n'offrent qu'une façade aveugle. L'habitation en ruine bénéficie de travaux de restauration. Le château ne disposait pas de chapelle privée en raison de la proximité de l'église du village où l'on retrouve des sculptures des seigneurs.

Les seigneurs d'Argouges édifièrent un ermitage dédié à saint Gerbold, bien qu'il ne soit probablement jamais venu à Gratot. Fort honoré dans le centre du Cotentin*, cet évêque de Bayeux vécut à la fin du Vᵉ siècle et était sollicité pour la guérison des troubles digestifs.

Gravage Dès le Moyen Âge, le droit de gravage reconnaissait aux seigneurs possédant des terres bordant la mer le droit de s'approprier les objets échoués sur le rivage. Au Xᵉ siècle, la coutume de Normandie confirme ce droit à tout objet arrivé par la mer, si près du rivage qu'un homme à cheval pouvait le toucher avec sa lance. L'exercice de ce droit, objet de nombreux abus et de l'existence de naufrageurs, fut réglementé par l'ordonnance de Colbert d'août 1681.

« Aller à gravage » fait partie des expressions normandes qui tombent en désuétude. Outre du bois, des madriers, des planches, les coureurs des grèves pouvaient espérer trouver des fûts d'huile, de pétrole et avec un peu de chance des barriques de vin...

Entourées de douves, les ruines du château de Gratot ont été relevées par des bénévoles.

La statue de Jean-François Millet telle qu'elle se dressait devant l'église de Gréville, son village natal.

Gréville-Hague C'est dans ce village du canton de Beaumont-Hague* que Jean-François Millet* a vu le jour en 1814. Sa maison natale, au hameau de Gruchy, a été restaurée et se visite. La grande salle offre un voyage dans l'ambiance du XIXe siècle soulignant ce que le Cotentin* a apporté à l'œuvre du peintre dont on peut apprécier des dessins originaux. L'église paroissiale du XIIe siècle, dédiée à sainte Colombe, se trouve dans le bourg principal ainsi que la statue en bronze du peintre.

Gréville (Henry) 1842-1902 Alice Fleury est connue en littérature sous le nom d'Henry Gréville. Écrivaine féministe, elle était fort populaire à la fin du XIXe siècle. Ayant suivi son père Jean Fleury en Russie, elle y étudie les langues et épouse un professeur de droit français à Saint-Pétersbourg, Émile Durand. À son retour à Paris en 1872 elle prend le nom de plume d'Henry Gréville en hommage au village de ses parents et publie des romans inspirés de sa vie en Russie ou situés à la Hague*.

Son *Manuel pour l'instruction morale et civique des jeunes filles* connaît un immense succès et est réédité plus de vingt fois en dix ans. Elle se rend également aux États-Unis où elle donne de nombreuses conférences sur la vie en Russie. Guy de Maupassant comme Jules Barbey d'Aurevilly* salueront son talent de femme de lettres.

Grignard (Victor) 1871-1935 Né en 1871 à Cherbourg* dans une famille modeste, Victor Grignard suit des études secondaires au lycée de Cherbourg* avant d'entreprendre des études supérieures à Paris puis à Lyon. Professeur de chimie à l'université de Nancy, il reçoit en 1912 le prix Nobel de chimie avec

Paul Sabatier. Pendant la guerre de 1914-1918 il participe aux recherches contre les gaz asphyxiants. Il termine sa carrière comme doyen de la faculté des sciences de l'université de Lyon en 1929. Le lycée de Cherbourg où il fit ses études porte son nom.

Grillard (Marcel) 1893-1963

Neuvième enfant d'une famille nombreuse, il est né en Vendée et arrive dans le Cotentin* avec pour tout bagage une formation agricole, option laiterie. Il n'a que dix-neuf ans quand il prend la direction de la laiterie fromagerie de Rauville-la-Bigot en 1912. Handicapé par un accident, il ne participe pas à la guerre de 1914-1918 et maintient la laiterie en activité. À la sortie de la guerre, il développe ses activités de façon remarquable et crée en 1921 le groupe des Établissements Grillard & Cie dont il est le PDG. En 1926 son groupe récolte 200 000 litres de lait sur l'ensemble du Cotentin* et produit quotidiennement 35 000 fromages et 5 tonnes de beurre. Affecté par la crise de 1929, Marcel Grillard s'associe au groupe Bretel* Frères dans l'Industrie laitière de Normandie et du Cotentin. À la fin des années 1950 l'entreprise, n'ayant pas les moyens de sa modernisation, est cédée au groupe américain Gloria.

Parallèlement à son activité de chef d'entreprise, Marcel Grillard s'est investi en politique. Il devient conseiller général du canton de Bricquebec* en 1919, puis maire en 1925. Il le restera jusqu'à sa mort sauf une brève interruption juste après la Seconde Guerre mondiale.

Grosville

On remarque de loin la flèche de cette petite église du XIIIe siècle située dans le canton des Pieux*, entre le chef-lieu et Rauville-la-Bigot. L'édifice présente l'originalité d'un plan carré et d'une structure octogonale, une conception architecturale que l'on retrouve également sur la côte ouest du Cotentin*. À l'intérieur, deux statues, saint Germain à la roue et saint Martin.

Dans le cimetière, se dresse le tombeau monumental de l'abbé Mabire, chapelain du roi Louis XVI. Comme le veut l'usage, l'orientation des sépultures des prêtres suit le cycle du soleil, la tête à l'est et les pieds à l'ouest.

L'église de Grosville.

Les hortensias ont trouvé dans le Cotentin une terre d'élection.

g*H*i

Un bel exemple de porte
cartière permet d'accéder
au château du Rozel.

et l'épi de faîtage* dans lequel s'exprime toute la fantaisie et la créativité des potiers. Les lucarnes, notamment dans les façades des châteaux, peuvent avoir une fonction décorative. Les cheminées sont systématiquement implantées dans l'axe du faîtage, elles sont souvent en pierre de taille afin de garantir leur solidité. Cette architecture s'intègre à merveille dans le paysage de bocage*.

Vue aérienne de la pointe ouest
du cap de la Hague.

Habitat Le Cotentin* se caractérise par un habitat exceptionnel : châteaux, manoirs, fermes y sont très nombreux. La pierre représente le principal matériau de construction, elle est toutefois remplacée par de la terre dans la région des marais. Les pierres les plus utilisées sont le granit gris et le schiste brun. Les constructions sont très diversifiées, en fonction des besoins. Aux habitations s'ajoutent toutes les dépendances alors nécessaires aux activités humaines : granges, étables, charretteries, puits, fours à pain. Les bâtiments peuvent être juxtaposés et former des ensembles en longueur ou s'articuler autour d'une cour, ouverte ou fermée. Les ouvertures s'ouvrent généralement vers le sud, les façades nord étant parfois complètement aveugles. Les fenêtres plus hautes que larges sont généralement encadrées de linteaux de pierre. Les toits sont en pierre bleue, une épaisse ardoise aux joints maçonnés, résistante aux tempêtes. La toiture est complétée par les tuiles faîtières

Hague (cap de la) Presqu'île au bout de la péninsule du Cotentin* on l'appelle la Hague. C'est une des composantes du territoire. « C'est le Finistère le plus proche de Paris », disait d'elle Jacques Prévert*. Certains lui trouvent des airs d'Irlande, d'Écosse ou une parenté avec l'île de Sein en raison de ses murets de pierre sèche. Pays sauvage, sculpté par le vent et la mer, la Hague se mérite et se découvre sous des ciels changeants et capricieux. Pour lutter contre l'impact négatif de l'usine de traitement des déchets nucléaires, les élus locaux ont agi pour garder intact les paysages et améliorer les équipements touristiques.

Hague Dick Site préhistorique construit par les habitants sans doute vers l'an 1000 avant J.-C., il protégeait des envahisseurs venus de l'intérieur. C'est une importante levée de terre avec un fossé qui s'étend d'un rivage à l'autre de la péninsule de la Hague*. Son étymologie fait débat, mais serait d'origine viking, signifiant « talus et fossé de l'enclos ». Le Hague Dick semblerait avoir été utilisé comme système défensif à différentes époques, de façon certaine par les Vikings* pour se protéger de leurs voisins et peut-être durant les guerres de Religion. Il n'est guère visible aujourd'hui.

Haitier Ce mot désigne la galettière en fonte pour cuire galettes et crêpes, œufs et jambon. En variante on trouve aussi le mot tuile.

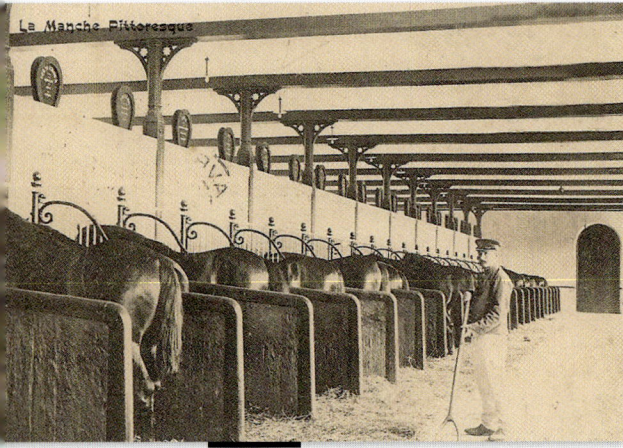

Les écuries du haras de Saint-Lô.

Haras national de Saint-Lô La création d'un haras national à Saint-Lô* sous le premier Empire avait pour but de disposer d'un dépôt d'étalons. En 1882 débute la construction des actuelles installations sur un terrain de 7 hectares. Endommagés pendant les bombardements de 1944, les bâtiments ont été reconstruits à l'identique. En 1915 ils accueillaient jusqu'à 425 étalons. Aujourd'hui le haras abrite 40 étalons de races de selle et protège le cob normand, un cheval de trait léger et puissant. En période estivale les Jeudis de Saint-Lô permettent au public d'apprécier les activités du haras en présentant des exercices de dressage, de saut d'obstacles et d'attelage.

Hauteville (dynastie de) Cette famille de petits seigneurs du Cotentin* est entrée dans l'histoire en fondant le royaume normand de Sicile. À Hauteville-la-Guichard le très joli presbytère a été aménagé en musée afin de présenter cette épopée.

Le premier du nom, Tancrède de Hauteville, né vers la fin du Xe siècle et mort vers 1041, était père de douze fils, auxquels il ne pouvait donner d'apanage. Sauf l'aîné qui hérita du fief, ses autres fils partirent chercher fortune en Italie. En 1037, Guillaume, Drogon et Onfroy de Hauteville se mettent d'abord au service du roi de Byzance dans les Pouilles. Très vite ils se retournent contre eux, chassent les Byzantins du sud de l'Italie, puis, recevant le renfort de leur frère Robert Guiscard à partir de 1045, s'imposent dans le sud de la péninsule et sont reconnus comme comtes et vassaux du pape. La Sicile est alors progressivement conquise sur les Arabes par Robert et Roger Ier, son frère, dit le Grand

Robert Guiscard et Roger le grand Comte, gravure du XIXe siècle

Comte. En 1130, le fils de ce dernier, Roger II, est investi roi de Sicile. Ses descendants régneront sur la Sicile jusqu'en 1189, mais lorsque Guillaume II de Hauteville s'éteint sans descendant mâle, le royaume passe à Constance de Hauteville, sa tante, épouse de Henri IV, empereur du Saint Empire romain germanique. S'en est fini de la domination normande sur le sud de l'Italie.

Havres (côte des) De Carteret* à Granville, une succession de havres caractérise le trait de côte. Sur ce rivage presque rectiligne, la faible pente sous-marine et la forte amplitude des marées, ont construit des dunes. Ce cordon dunaire est percé par les modestes rivières au courant cependant suffisamment puissant pour maintenir un accès à la mer et former des estuaires étendus, qui s'assèchent à marée basse. Si le havre de Surville est peu étendu avec ses soixante-dix hectares, celui de Regnéville couvre une superficie de 1 900 hectares.

Mêlant eaux douces et eaux salées les havres jouent un rôle essentiel dans la diversité biologique de la région. Des espèces prospèrent dans les parties recouvertes chaque jour par la mer, tandis que les dunes accueillent des plantes très variées au fur et à mesure que l'on s'éloigne de la laisse de haute mer. Dès le printemps, de nombreuses plantes apparaissent, saxifrage à trois doigts, pensée naine, variété d'orchidée, œillet des dunes, rosier pimprenelle. La pointe d'Agon demeure un formidable observatoire des oiseaux qui, tel le gravelot à collier interrompu, viennent y nicher.

La côte ouest du Cotentin se caractérise par un cordon dunaire percé de havres.

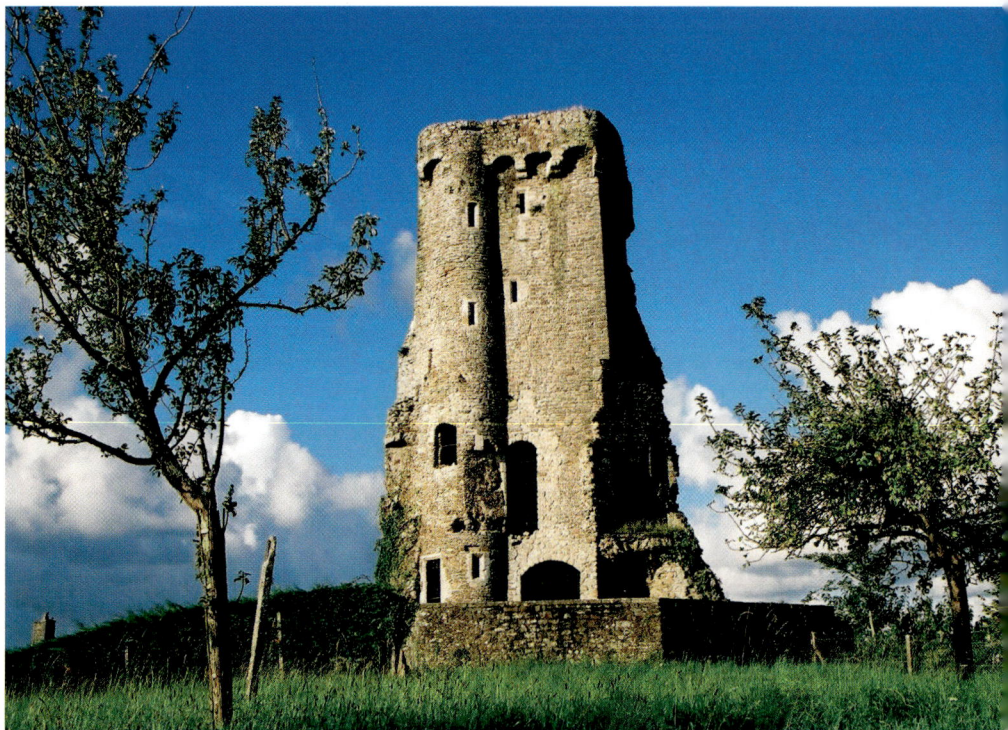

Haye-du-Puits (La)

Le bourg fut le siège d'une des plus puissantes baronnies du duché de Normandie bien que de l'ancien château il ne subsiste aujourd'hui qu'une tour massive. Pendant la guerre de Cent Ans, les Anglais possédèrent la baronnie de La Haye-

Au cours des guerres successives la Haye-du-Puits fut l'enjeu de terribles combats. Il ne subsiste que des ruines de la forteresse.

du-Puits confiée successivement au duc de Bedford puis au duc de Gloucester. Fin 1449, le duc de Bretagne, à la tête d'une armée de 8 000 hommes, les en délogea. Pendant les guerres de Religion, le château fut occupé par les hommes du marquis de Rothelin, baron de Varenguebec*, appartenant à la religion réformée. Le dernier seigneur de La Haye-du-Puits fut Hervé de Thieuville, marquis de Montaigu ; il vendit sa baronnie au puissant seigneur Caillebot, marquis de la Salle. Dans l'église actuelle, construite de 1851 à 1862 dans le style néogothique mais faisant suite à

Vue panoramique depuis le mont de Doville.

un édifice du XIIe siècle se trouve le tombeau monumental d'Arthur de Magneville, baron de La Haye-du-Puits, mort le 30 mai 1553.

En 1948 la ville se vit accorder la citation suivante : « Petite ville qui a joué un grand rôle dans la Libération. A été détruite aux trois-quarts. A supporté ses pertes avec courage. S'est remise au travail avec ardeur. » Avec attribution de la croix de guerre avec étoile d'argent. Lors du Débarquement*, le VIIIe corps américain avait reçu pour mission de traverser La Haye-du-Puits et de se diriger vers Coutances*. Il devait enlever les hauteurs autour du bourg, crête de Montgardon, mont de Doville, mont Etenclin et mont Castre. La bataille des Haies se poursuivit dans les communes environnantes du 3 au 5 juillet, occasionnant des pertes très élevées. Le retour du beau temps, le 5 juillet, permit aux Américains d'utiliser l'aviation, faisant ainsi basculer la bataille. Le 11 juillet, après cinq jours d'âpres combats, La Haye-du-Puits était libérée.

Hélye (bienheureux Thomas) 1187-1257

Né à Biville* en 1187 dans une famille de paysans, Thomas Hélye a d'abord été maître d'école à Cherbourg* avant d'être appelé au sacerdoce par Hugues de Morville, l'évêque de Coutances*. Après des pèlerinages qui l'emmèneront à Rome et à Saint-Jacques-de-Compostelle, puis des études de théologie à Paris, il est ordonné prêtre et les évêques du Cotentin* lui confient un ministère de missionnaire prédicateur. Pendant plus de vingt ans, il parcourt les diocèses de Coutances* et d'Avranches ; très populaire il est souvent associé à des guérisons miraculeuses. Usé par les voyages et les privations, il revient mourir dans la porterie du château de Vauville* le

19 octobre 1257. Au cours de son inhumation, la femme du châtelain aurait été guérie d'une paralysie de la main. Béatifié en 1859, son tombeau de marbre rénové en 1910 est l'objet de pèlerinages.

Le tombeau du bienheureux Thomas Hélye, dans l'église de Biville, fait l'objet de pèlerinages.

Hervieu (Louise) 1878-1954

Née à Alençon le 25 octobre 1878, Louise Hervieu a régulièrement passé ses vacances dans le Cotentin*, à Bretteville-sur-Ay où ses grands-parents possédaient une propriété, Le Clos du puits, et où sa grand-mère était née. De santé fragile, elle s'adonne au dessin et à la peinture puis se tourne vers l'écriture. Son premier ouvrage est publié en 1920. Le Bon Vouloir paru en 1927 est couronné par l'Académie française. Enfin elle reçoit le prix Femina 1936 pour Sangs paru chez Denoël. Dans Le Crime, elle dénonce l'incapacité des autorités à mener une vraie politique de la santé. Elle se battra pour la création d'un carnet de santé attribué à chaque personne. Elle décède à Versailles le 11 septembre 1954.

Homard Prince des crustacés, le homard est synonyme de repas de fête. Il est pêché en Cotentin* par des pêcheurs artisanaux sur les côtes rocheuses. Si la pêche de ce crustacé décapode est autorisée toute l'année, les captures sont les plus importantes d'avril à octobre. Elles représentent 80 tonnes entre Granville et Cherbourg*.

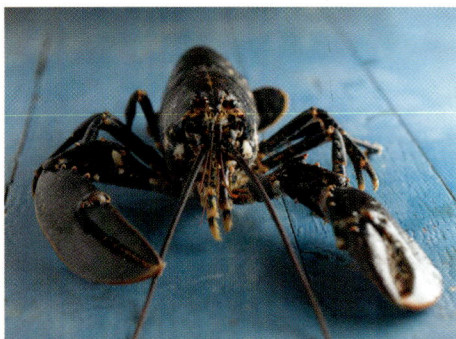

Le climat doux et humide du Cotentin favorise la croissance de nombreuses espèces de fleurs dont les hortensias.

Hortensia Cet arbuste originaire du Japon, l'*hydrangea macrophyllia* de la famille des *hydrangeaceae*, a trouvé sous le ciel humide et tempéré du Cotentin* un cadre qui lui convient bien. Il se plaît à l'abri d'un mur, dans un endroit un peu ombragé, et décore avantageusement la cour des manoirs et des propriétés. Les terrains humides et acides lui conviennent parfaitement. Avec un apport d'ardoise pilée à son pied, l'hortensia rose vire au bleu.

Houette Petite houe qui sert à « amotter » les pommes de terre mais également à pêcher le lançon à marée basse sur les plages de sable.

Hugo (Victor) 1802-1885 Été 1836, Victor Hugo visite la Manche en compagnie de sa jeune maîtresse, Juliette Drouet et, durant une partie du voyage, avec le peintre Célestin Nanteuil. Comme à son habitude il prend des notes, dessine, commente, s'extasie ou s'indigne de ce qu'il voit.

Huîtres et citron, Guillaume Fouace, musée maritime de Tatihou.

Coutances*, Saint-Lô*, La Haye-du-Puits*, Barneville*, l'écrivain voyageur laisse libre cours à son humeur : « En quittant Barne- ville, écrivait-il à sa femme, et cette affreuse auberge où je n'ai trouvé que du lait et des puces, la route était horrible, la plus hor- rible que j'ai vue, aucun moyen de transport

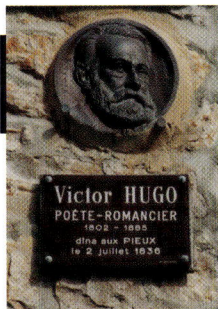

Victor Hugo (1802-1885) a beaucoup voyagé et rapportait de ses voyages des carnets de dessins et des notes.

jusqu'aux Pieux où je devais trouver un cou- cou. Quatre lieues de pays à faire à pied par une chaleur des tropiques. […] Trente heures sans manger et une douzaine de lieues à pied, en additionnant celles de la veille avec celles du jour, voilà ma prouesse, de La Haye- du-Puits aux Pieux. »

Huîtres L'huître en Normandie possède sa capitale avec Saint-Vaast-la-Hougue* où l'éle- vage a commencé dès 1880. Si la présence de l'huître est attestée ici au XVIe siècle, à l'ori- gine elle était pêchée à l'aide de dragues ; aujourd'hui elle est élevée avec une grande attention.

Jusqu'au début du XXe siècle, les pêcheurs pratiquaient la pêche aux huîtres de type pied-de-cheval, abondantes sur la côte ouest de l'anse de Vauville* à Granville. En 1853 le préfet maritime de Cherbourg* envoyait régulièrement des unités de la Marine pour éviter que les pêcheurs anglo-normands ne viennent s'installer sur ses bancs.

Aujourd'hui le Cotentin* a la chance de possé- der plusieurs bassins de production : huîtres de la côte ouest du Cotentin*, de Port-Bail à Granville, huîtres de Saint-Vaast au goût noisette, de Sainte-Marie-du-Mont*, chacune possède sa saveur et son parfum. L'élevage s'effectue sur des zones bénéficiant d'un fort marnage et où l'estran découvre, parfois, sur plusieurs kilomètres. La région en produit plus de 27 000 tonnes par an et se classe ainsi au premier rang en France puisqu'elle fournit les autres régions ostréicoles et particulièrement la région Poitou-Charentes où les huîtres sont affinées et prennent alors l'appellation du site d'affinage. La maturation d'une huître passe par trois phases, la pousse, de 1 à 18 mois, l'élevage en pleine mer, de 18 à 30 mois, le trempage, deux mois avant la commercialisation. Trois à quatre années sont nécessaires pour obtenir une huître de belle qualité.

Il existe cinq tailles d'huîtres, de 0 à 5, les 0 étant les plus grosses et les 5 les plus petites ; quant aux spéciales, elles doivent leur dénomination, non en fonction de leur taille, mais en fonction de leurs spécificités, plus grasses et plus charnues.

Une huître fraîche est bien fermée. Si elle baille, frappez-la. Si elle se referme aussitôt, c'est bon signe. Ce coup sur la coquille est un test probant.

Chez le marchand, plus le numéro est petit, plus l'huître est grosse. Vous choisirez donc des 5 pour l'apéritif, des 3 ou 4 en entrée. Réservez les plus grosses pour les préparations qui nécessitent une cuisson.

Les huîtres du Cotentin s'apprécient toute l'année, pas seulement durant les fameux mois en R. Selon la saison, conservez-les dans un endroit aéré entre 5 et 10°, ou dans le bas du réfrigérateur pour qu'elles conservent leur fraîcheur.

Le nez de Jobourg au cap de la Hague.

J-K

Jardins L'association Cotentin côté jardins regroupe vingt-deux jardins privés, du nord au sud du département de la Manche, régulièrement ouverts au public. Tous très différents par leur taille ou leur situation, ils ont pour point commun la passion de leurs jardiniers. Ils peuvent être paysagers ou présenter des collections, le climat doux et tempéré de la presqu'île ayant permis d'acclimater des espèces venues du monde entier. La petite commune de Saint-Maurice-en-Cotentin, à deux pas de Barneville-Carteret*, en abrite deux, celui de La Bizerie où l'écrivain et horticulteur Jérôme Goutier a mêlé toutes les essences et celui du presbytère de Saint-Maurice avec sa magnifique collection de magnolias.

Jobourg L'église de Jobourg de style roman des XIIᵉ et XIIIᵉ siècles est remarquable, son clocher est une tour massive. Elle a été peinte par Millet* et ce tableau est conservé au musée d'Orsay.

La foire aux moutons de Jobourg se tient chaque été au début du mois d'août. Quatre cents moutons et des roussins, la race locale, sont rassemblés. Sous les tentes dressées en plein champ, des restaurateurs proposent de l'excellent mouton rôti en plein air arrosé de cidre bouché.

Jobourg (nez de)

« Le beaupré du vaisseau normand
    est à Jobourg.
Là, les plaines de gras herbages
    et de labour
Se hérissent devant la mer rugueuse
    en Alpes.
Le vent dans les ajoncs d'or
    et les romarins,
Sur le cap chevelu cinglé de sels marins,
Tord comme une crinière ennemie
    et la scalpe. »

L'église de Jobourg, côté mer.

Douaniers surveillant la mer depuis les falaises de Jobourg.

ein-Rottpsard, Éditeur, Cherbour

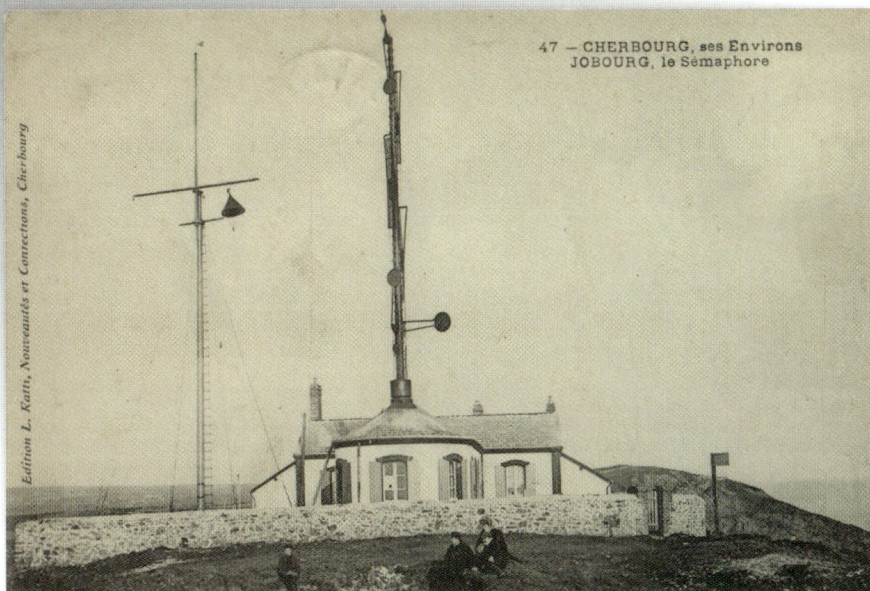

Le sémaphore de Jobourg avant
sa destruction en 1944.

Ainsi Charles-Théophile Féret chante-t-il le
nez de Jobourg dans son recueil de poèmes
intitulé *La Normandie exaltée* paru en 1928.
Ce cap à l'extrême nord-ouest du Cotentin*
offre un paysage saisissant. Ses falaises de
128 mètres surplombent des grottes et des
rochers sur lesquels viennent s'écraser les
vagues. De nombreux oiseaux y nichent dont
le cormoran huppé, le fulmar, le goéland et
le grand corbeau. Après le Mont-Saint-Michel
c'est le site le plus visité de la Manche.

Jouan (Jacques-Casimir) 1767-1847 Né
à Saint-Christophe-du-Foc dans le canton
des Pieux* au sein d'une famille de paysans
modestes, le jeune Jacques-Casimir s'engage dans le bataillon des volontaires de la
Manche en 1791. C'est le début d'une carrière
militaire de plus de vingt ans qui le conduira
sur les champs de bataille de l'Europe. Présent à Valmy, blessé à Wagram puis à Dresde,
parvenu au grade de général de brigade, il

est mis à la retraite après la chute de Napoléon Ier et se retire à Tréauville au manoir de
La Houssaierie.

Jozeau-Marigné (Léon) 1909-2003 Né
à Angers, Léon Jozeau-Marigné est venu
s'installer à Avranches en 1935 en qualité
d'avoué et soutient sa thèse de droit à l'université de Caen. Conseiller municipal à partir
de 1941 puis maire d'Avranches et sénateur,
il est nommé au Conseil constitutionnel
par Alain Poher en 1983. Pendant vingt ans
(1968-1988) il préside le conseil général de la
Manche et fait édifier à Saint-Lô* une Maison
du département.

Kanne C'est une cruche en cuivre de Ville-
dieu, utilisée pour le ramassage du lait après
la traite et d'une capacité de cinq à six pots, le
pot équivalant à deux litres. La kanne n'était
portée à la main que sur un bref trajet. Pour
un trajet un peu long jusqu'à la ferme, la
servante la posait sur l'épaule, penchée légè-
rement sur l'arrière, ayant pris soin de mettre
un coussinet de tissu pour éviter tout pince-
ment. La kanne était maintenue en équilibre

à l'aide d'une lanière de cuir tendue par le bras opposé. Autre solution, la servante avait la possibilité de porter deux kannes à l'aide d'un « jouquet ». Cet objet devenu emblématique de la prospérité paysanne est très recherché par les collectionneurs. Le Cotentin* comptait quatre modèles : ceux de Cherbourg* et Villedieu, les plus classiques, celui de Périers* avec deux anses et celui de Saint-Lô*, plus rare, avec l'anse fixée de part et d'autre de l'ouverture. Pour les fabricants de Villedieu, le mot kanne ne s'employait que dans le Cotentin. Dans le sud du département, on n'utilisait pas le même matériel mais une bue. Ce mot typique du Cotentin est à rapprocher de l'anglais *can*.

Kaolin Au XVIIIe siècle les manufactures de Valognes*, Isigny-sur-Mer et Bayeux, réputées pour leurs porcelaines, se fournissaient en kaolin des Pieux*. Cette argile blanche et friable provient de la décomposition des granits. En 1812 la fabrique de Valognes ferme ses portes. Pour approvisionner les ateliers de Bayeux, le kaolin est alors acheminé des Pieux à Diélette puis chargé à bord de petits caboteurs qui le transportent jusqu'à Port-en-Bessin. La navigation est parfois périlleuse avec le passage du raz Blanchard au large de la Hague* puis du raz de Barfleur*. À Port-en-Bessin, le kaolin était rechargé dans de lourds tombereaux tirés par des chevaux.

Porcelaine de Bayeux fabriquée avec le kaolin des Pieux.

Le chevet
de l'abbatiale
de Lessay.

La Glacerie

Pour mettre fin au monopole vénitien de fabrication des glaces, Colbert décida en 1665 de créer à Paris une manufacture de glaces et miroirs. Le coût du travail y étant très élevé, dès 1667 la fabrication du verre fut transférée à Tourlaville, au lieu-dit La Glacerie, où une fabrique existait déjà, alimentée par les bois de la forêt de Brix*. La verrerie produit les miroirs de la galerie des Glaces et dès 1672 la France n'importe plus de verre de Venise. L'entreprise fonctionna jusqu'en 1834 et le site compta jusqu'à cinq cents personnes. Transformé en musée il a été détruit par les bombardements de 1944. La Glacerie est restée attachée à la commune de Tourlaville jusqu'en 1901, date à laquelle elle devint une commune autonome.

Laisney (Georges) 1883-1950

Né à Coutances* le 3 mars 1883, il échappe à la mort en 1917 lors du torpillage de l'*Athos* alors qu'il sert en qualité d'officier interprète. Professeur à l'école supérieure de commerce de Rouen, cet agrégé d'anglais servit dans l'armée britannique en Égypte durant la Première Guerre mondiale. Il conservait un profond attachement à Coutances, sa ville natale, et s'intéressait à l'histoire du département, faisant œuvre de vulgarisation avec des ouvrages tels que le *Portrait de Coutances*, *Du raz Blanchard aux vaux de Vire*, ou *La Manche*, écrite pendant la Seconde Guerre mondiale.

Laiteries et industrie laitière

Le lait et sa transformation ont assuré pendant plus de cent vingt ans la prospérité du département de la Manche et ont fourni 50 % de son produit intérieur brut. Cette histoire de l'industrie agro-alimentaire commence à Valognes* et Carentan* dès les années 1860. Au XIXᵉ siècle, ces entreprises qui transforment le lait en beurre et en fromage pour le marché parisien ou l'exportation connaissent un essor remarquable. Au début du XXᵉ siècle apparaissent également les coopératives laitières regroupant les producteurs de lait qui maîtrisent ainsi la transformation de leur production.

La crise de 1929 entraîne une récession importante et on observe alors une plus grande concentration des entreprises. La Seconde Guerre mondiale concourt à la baisse de la production laitière et à la destruction des sites de production. Au lendemain du conflit tout est à réorganiser et le début des années 1950 se révèle favorable aux producteurs laitiers. Les pouvoirs publics soutiennent le mouvement coopératif. La décennie suivante est déjà moins dynamique, marquée par la concentration et l'industrialisation

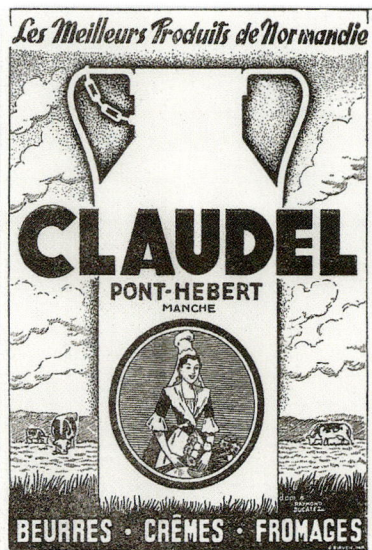

Les industries de transformation du lait ont fait la prospérité du Cotentin pendant plus d'un siècle.

de la production. Lorsque l'entreprise américaine Gloria s'implante à Bricquebec* en 1961, rachetant des laiteries indépendantes et implantant une unité de production ultramoderne, elle reçoit le lait de 2 400 producteurs sur 11 cantons, soit 150 000 litres de lait par jour. En 1987, le groupe Carnation Gloria en difficulté est repris par Nestlé. Les coopératives se sont adaptées elles aussi à la concentration industrielle et aujourd'hui les Maîtres Laitiers du Cotentin* rassemblent 1 325 sociétaires et transforment 350 millions de litres de lait par an. Dans le Cotentin l'usine de Sottevast a produit en 2010-2011 120 000 tonnes de fromages frais, 25 millions de litres de crème fraîche et autant de litres de lait frais. L'usine de Valognes* réalise les fromages à pâtes pressées et l'usine de Tribehou est dédiée à la crème et au beurre AOC. Les trois usines emploient ensemble 715 personnes.

Lande de Lessay (La)

Des landes et des landages, il y en a bien d'autres dans le Cotentin*, sans toutefois avoir l'importance de celle de Lessay. Cette lande qui s'étend sur 5 000 hectares a été classée Natura 2000 pour sa spécificité écologique. Elle a été longuement évoquée par Jules Barbey d'Aurevilly* dans L'Ensorcelée, bien que de son propre aveu il ne l'ait jamais arpentée. L'écrivain a compris que la spécificité de ce cadre, c'est son aptitude à faire resurgir les vieilles légendes, à laisser l'esprit vagabonder de bosquet en mare et de mare en fondrière. Il n'y a qu'un pas à franchir pour atteindre le paysage intérieur. « Maître Thomas Le Hardouey, monté sur sa forte jument d'allure, traversait la lande de Lessay [...] Aucun être vivant, homme ou bête, n'animait ce plan morne, semblable à l'épaisse superficie d'une cuve qui aurait jeté les écumes d'une liqueur vermeille par-dessus ses bords, aux horizons [...] » On s'y croirait !

Landemer (falaises de)

Bordant toute une série de criques rocheuses et sauvages, les falaises de Landemer, à l'ouest de Cherbourg*, ont souvent attiré les peintres, à l'image de Jean-François Millet* dont le dessin Les Falaises de Landemer est conservé au musée du Louvre.

Le Brun (Charles-François) 1739-1824

Né à Saint-Sauveur-Lendelin* en 1739, Charles-François Le Brun devint collaborateur de Maupeou puis député du Tiers État en 1789. Personnage important de la période révolutionnaire, il devient troisième consul aux côtés de Bonaparte. Architrésorier de l'Empire en 1804, nommé par Napoléon duc de Plaisance, il sera successivement gouverneur de Gênes puis de la Hollande. Pair de France et grand maître de l'université, il a traduit La Jérusalem délivrée du Tasse.

Le Carpentier (Jean-Baptiste) 1759-1829

Enthousiasmé par les idées révolutionnaires, Jean-Baptiste Le Carpentier, huissier à Valognes*, est élu pour représenter la Manche à la Convention en 1792. Il siège résolument avec les Montagnards et vote la mort du roi en janvier 1793. Nommé représentant de la Convention dans l'Ouest afin d'activer la conscription il marque de son autorité et de sa présence la défense de Granville lors du siège mené par les Vendéens en novembre 1793. Envoyé ensuite à Saint-Malo, il entreprend une chasse aux suspects et envoie vers la guillotine à Paris plus de trois cents personnes. Après la chute de Robespierre en 1794 il est arrêté et emprisonné dans la citadelle du château du Taureau au large de Morlaix. À la suite de la prise du pouvoir par Bonaparte il n'est plus inquiété et retrouve alors

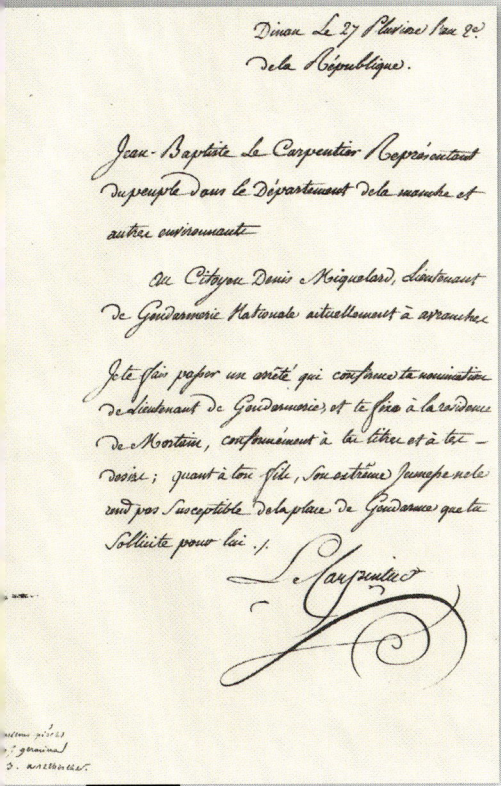

Document manuscrit
du révolutionnaire
Jean-Baptiste Le Carpentier.

en fait un ardent défenseur de cette langue. Son œuvre poétique a été rassemblée sous le titre *Es sept vents du Cotentin*, et publiée à Coutances* en 1972.

Leclerc (François), dit Jambe de bois

De son autre surnom, « terreur des Antilles », ce corsaire* de la Manche, né sans doute à Gréville-Hague* à une date indéterminée et mort en 1563, opérait pour le compte du roi de France à partir de Cherbourg*. Il attaque avec beaucoup de hardiesse les navires ennemis, notamment espagnols, et pousse ses expéditions parfois très loin, jusqu'au Brésil et aux Antilles. Il est anobli par Henri II en 1551 après avoir perdu sa jambe dans un combat naval. Mais en 1562, ayant pris parti pour la Réforme, il rejoint les Anglais et meurt à bord de son bateau en revenant d'une expédition.

Un monument constitué de
32 pierres levées en granit honore
la mémoire de Fernand Lechanteur
à la Mielle de la pointe d'Agon.

Valognes et son cabinet d'huissier. Avec le retour des Bourbons en 1815 il est condamné à l'exil pour régicide, réfugié à Jersey où il est emprisonné. Il s'en évade et réussit à vivre caché dans la région des Pieux* pendant trois ans. Dénoncé, il est jugé à Cherbourg* et condamné à la prison au Mont-Saint-Michel. Il y meurt en 1829.

Lechanteur (Fernand) 1910-1971

Né à Agon-Coutainville* en 1910 dans une famille nombreuse et modeste, Fernand Lechanteur est un enfant de l'école de la République. Linguiste, agrégé d'allemand, il a été proviseur du lycée de Saint-Lô* puis de Caen. Il est l'auteur d'une œuvre littéraire en normand sous le pseudonyme de Gire Gannes, ce qui

Au Lavoir. - Confidences
Il aurait bie voulu d'mé, mais mé j'ai pas voulu d'li

Le Goubey (Jean-Baptiste) 1879-1935

Il a laissé son nom à l'entreprise de cartes postales qu'il avait créée en 1904 à Saint-Pierre-Église*. Associé au photographe Annet Veyssières, leur production apporte un témoignage irremplaçable sur les paysages et les habitants de la Manche, elle est aujourd'hui très prisée des collectionneurs.

Le Jour le plus long

Film américain couronné de deux oscars lors de sa sortie en 1962, *The Longest Day* en anglais raconte le débarquement allié du 6 juin 1944. L'ensemble du tournage a duré dix mois et a été réalisé en Normandie sauf les scènes du débarquement sur les plages qui ont été tournées en Corse ; les plages normandes en 1961 ayant déjà été trop modifiées par les constructions. À Sainte-Mère-Église* c'est l'acteur Red Button qui joue le rôle du parachutiste John Steele resté accroché par son parachute au clocher de l'église. Le producteur et réalisateur Darryl Zanuck avait réuni pour le casting une pléiade d'acteurs internationaux de renom. Parmi eux John Wayne, Robert Mitchum, Henry Fonda, Sean Connery pour les Américains ; Bourvil, Madeleine Renaud, Jean-Louis Barrault, Arletty, pour les Français. Le film a connu un succès mondial, avec en France près de 12 millions d'entrées en salle.

Le Marois (Jean Léonor) 1777-1836

Jean Léonor Le Marois, né à Bricquebec* le 17 mars 1777, choisit la carrière militaire. Remarqué par Bonaparte qui en fait son aide de camp, il le restera jusqu'en 1814. Il fait toutes les campagnes de Napoléon et sera témoin de son mariage avec Joséphine.

Au cours de la campagne d'Italie, il se bat courageusement, est blessé à Rove-redo et suit Bonaparte au pont d'Arcole. Le 30 décembre, il présente au Directoire les drapeaux pris à l'ennemi. Nommé colonel à Marengo en 1800, général de brigade en 1802, général de division en 1803, il est nommé par l'Empereur gouverneur de provinces italiennes en 1806. Blessé à Iéna en 1807 il est élu la même année député de la Manche. Il est fait comte d'Empire en 1808. Gouverneur de Rome en 1809, il commande le camp de Boulogne durant la campagne de Russie. Il rejoint l'Empereur aux Tuileries pendant les Cent Jours, mais après Waterloo il résigne son commandement. Il meurt à Paris des suites d'une longue maladie.

Lemerre (Alphonse) 1838-1912
Huitième enfant d'une famille nombreuse, Alphonse Lemerre commence sa vie professionnelle comme commis de librairie avant de créer sa propre maison d'édition. Il adopte pour logo un bêcheur au travail, montrant ainsi son attachement à ses racines paysannes, et pour devise *Fac et spera*, «Agis et espère ». Éditeur des poètes parnassiens comme José-Maria de Heredia et Leconte de Lisle mais aussi de Verlaine et d'Anatole France, il est également maire de Ville-d'Avray. Républicain et anticlérical, il reste très attaché à son Cotentin* natal où il se rend régulièrement. Il meurt à Paris et est enterré au cimetière du Père-Lachaise.

Lemerre (Roger)
Né à Bricquebec* en 1941, Roger Lemerre a été international de football puis entraîneur d'équipes professionnelles avant de rejoindre l'équipe de France en devenant l'adjoint d'Aimé Jacquet pour accompagner les bleus dans leur victoire en Coupe du monde face au Brésil en 1998. Il continue d'entraîner l'équipe de France qu'il conduit à la victoire de l'Euro 2000 mais à la suite de l'élimination de l'équipe au premier tour de la Coupe du monde 2002 contre la Corée, il est démis de ses fonctions.

Lepelletier (Joachim) 1810-1898
Son nom est étroitement associé à l'industrie laitière du Cotentin*. En 1865, Joachim Lepelletier et son épouse transfèrent à Carentan* leur entreprise de commerce de beurre afin de se rapprocher de la gare et du port. Ils exportent essentiellement leur production vers l'Angleterre. En 1880 ils y ajoutent une fromagerie et représentent le principal employeur de la ville. Ils organisent pour leurs ouvrières une pouponnière et pour leurs vieux employés un hospice. À la mort de Joachim, la société Lepelletier est devenue une des premières beurreries de France. En 1900 l'entreprise compte plus de trois cents salariés. En 1923 elle passe sous le contrôle américain de la société Gloria. L'écrivaine Jacqueline de Monsigny est l'arrière-petite-fille de Joachim Lepelletier, elle a évoqué le destin de son ancêtre dans son roman à succès *Le Maître de Hautefort*.

Joachim Lepelletier et son épouse, née Eugénie Le Haguais.

Le Rouge (Gustave) 1867-1938 Né à Valognes* il a suivi ses études d'abord au collège de Valognes puis au lycée de Cherbourg*. Après des études de droit à Caen, il part à Paris où il se lie d'amitié avec Paul Verlaine qu'il fréquentera jusqu'à sa mort. Il était au début du XXe siècle un romancier populaire très connu avec à son actif plus de cent cinquante romans. Il n'hésita pas à toucher à des genres peu habituels comme les romans fantastiques ou à connotation scientifique comme *Le Bal des vampires* ou *Le Prisonnier de la planète Mars*. *Le Mystérieux Docteur Cornélius*, paru d'abord en feuilleton, lui vaut un franc succès. Pendant la Première Guerre mondiale, Gustave Le Rouge est correspondant de guerre pour le journal *L'Information*. C'est au *Parisien* où il est journaliste après la guerre qu'il fait la rencontre de Blaise Cendrars avec lequel il reste très lié. L'œuvre de Gustave Le Rouge, tombée dans l'oubli après sa mort, a été en grande partie rééditée par Francis Lacassin dans la collection « Bouquins » chez Robert Laffont.

Les Déferlantes Ce roman de Claudie Gallay (née en 1961) a remporté de nombreux prix littéraires et a connu un véritable succès populaire. Paru en 2008 aux éditions du Rouergue, l'histoire se déroule dans la Hague* dont l'auteur saisit parfaitement l'âpreté. Le vent, les falaises, les landes sont eux aussi des personnages à part entière d'une intrigue dense et riche en rebondissements et en mystères.

Lessay (abbaye de) Le bourg s'est construit autour de l'abbaye bénédictine fondée en 1056 par le seigneur de La Haye-du-Puits*. De son apogée à l'époque romane, il ne reste rien, puisqu'elle est détruite en 1351 pendant la guerre de Cent Ans. Reconstruite au siècle suivant, elle ne retrouve pas son rayonnement. Elle est confiée à la

L'abbaye de Lessay dans sa splendeur restaurée.

congrégation Saint-Maur au XVIIIe siècle, et ses bâtiments conventuels sont repris tels qu'on les voit aujourd'hui. C'est la Seconde Guerre mondiale qui lui portera un coup fatal : l'église minée par les Allemands avant leur retraite est extrêmement endommagée, mais en raison de sa valeur historique et archéologique, les Beaux-Arts décident de la restaurer. Aujourd'hui elle se présente dans toute sa splendeur romane retrouvée.

La foire* Sainte-Croix qui se déroule chaque année en septembre est la plus importante de Normandie. Depuis le XIIᵉ siècle, acheteurs et vendeurs de chevaux, de chiens et de bestiaux y affluent de tout l'Ouest de la France. Près de 300 000 personnes s'y déplacent pour voir le commerce des animaux, les présentations de matériel agricole et de voitures. Avec ses allées de rôtisseurs, c'est aussi une formidable fête de la gastronomie normande.

Lestre* Sur cette petite commune de 224 habitants du canton de Montebourg*, s'élève le manoir de la Hougue construit au XVIᵉ siècle et propriété de Lucas de Néhou, fondateur de la fabrique de glaces de Tourlaville. Classée par Prosper Mérimée, alors inspecteur général des monuments historiques en 1862, la chapelle Saint-Michel datant du XVᵉ siècle domine la vallée de la Sinope. Sa protection lui épargna la destruction totale, car elle servait depuis la Révolution de carrière de pierres. On peut en apprécier la simplicité romane bien qu'elle soit très endommagée. Le site a inspiré à l'écrivain régionaliste Pierre Godefroy* l'ouvrage *Laudes à Saint-Michel du Péril*, paru en 1981.

Le Véel (Armand) 1821-1905

Ce sculpteur né à Bricquebec* réalisa la statue équestre de Napoléon Iᵉʳ à Cherbourg* inaugurée le 8 août 1858 par Napoléon III. Cet élève de Rude trouvait son inspiration dans l'Histoire de France et réalisa également une statue équestre de Jeanne d'Arc pour la cathédrale d'Orléans. Il se retire à Cherbourg* à partir de 1882 et lègue à la ville sa collection d'œuvres d'art et d'antiquités, visible au musée Thomas-Henry, dont il fut un des conservateurs.

Le Verrier (Urbain) 1811-1877

Urbain Le Verrier est né à Saint-Lô*, brillant élève, il fréquente le collège de sa ville puis le lycée de Caen enfin Louis-le-Grand à Paris, avant d'entrer à Polytechnique. Il connaîtra ensuite une carrière brillante qui le conduira à l'Académie des sciences tout en restant fidèle à son département d'origine. Il sera conseiller général du canton de Saint-Malo-de-la-Lande et président du conseil général de la Manche. C'est surtout un grand astronome qui, avant d'être nommé directeur de l'Observatoire national, a découvert la planète Neptune en 1846 par une succession de calculs théoriques. D'abord contestée, sa trouvaille est confirmée par observation par un astronome allemand. Le Verrier qui prend la direction de l'Observatoire en 1854 entreprend une réorganisation complète de l'institution. À la suite d'une très violente tempête, il met en place un service des informations météorologiques sur l'ensemble du territoire national afin de prévenir les catastrophes naturelles, véritable ancêtre de la météorologie moderne. Il est en cela assisté de son compatriote cherbourgeois Emmanuel Liais*, notamment pour la mise en place d'un réseau météorologique télégraphique dans toute l'Europe. Réputé d'un caractère impossible, Le Verrier est relevé de ses fonctions à l'Observatoire en 1870, à la suite d'une pétition de scientifiques qui l'ont surnommé « le duc de Neptune » ; il retrouve cependant ce poste en 1873, qu'il gardera jusqu'à sa mort.

Lévesque (Henri) 1908-1978

Né à Vindefontaine dans une famille d'éleveurs, Henri Lévesque crée sa propre écurie de trotteurs. Installé à Beuzeville-la-Bastille, il développe l'élevage et l'entraînement de chevaux de course et fait connaître sa casaque jaune à croix de Lorraine sur les hippodromes du monde entier. Vainqueur à cinq reprises du prestigieux Prix d'Amérique, il était considéré dans les années 1960 comme le meilleur entraîneur du monde.

Liais (Emmanuel) 1826-1900

Né dans une famille aisée de Cherbourg*, c'est un scientifique amateur dont les observations sont remarquées par François Arago. Cela lui vaut de rejoindre l'Observatoire de Paris dont il devient le directeur adjoint aux côtés d'Urbain Le Verrier* en 1854. En 1858 Emmanuel Liais se rend au Brésil pour observer une éclipse solaire. Il y restera plus de vingt-cinq ans, organisant l'observatoire impérial de Rio de Janeiro. Au cours de ce long séjour il lancera de nombreuses expéditions d'exploration à l'intérieur du pays, étudiant la faune, la flore et la géologie de ce territoire encore méconnu. Il publie en 1872 *Climats, géologie, faune et géographie botanique du Brésil*. Il revient en France en 1881 et s'installe dans sa ville natale où il avait déjà commencé la création d'un jardin botanique dans sa propriété privée. Élu maire de 1884 à 1886, puis de 1892 à sa mort, il est également conseiller général.

Il a légué à la ville de Cherbourg sa propriété et ses collections. Son jardin est devenu le parc Emmanuel-Liais et sa maison, le musée d'Histoire naturelle de la ville.

Libette Épuisette à crevettes pour pêcher à marée basse au pied des rochers. Ce mot vient du scandinave *libet* qui désigne la laisse de basse mer ou estran.

Liesville-sur-Douve Jolie commune du parc des marais du Cotentin* et du Bessin, Liesville se trouvait autrefois sur une île ; aujourd'hui c'est une presqu'île qui avance entre les marais de la Motte et le Grand Marais. Cet ancien village de pêcheurs d'anguilles semble toujours, en hiver, devenir insulaire tant il est entouré d'eau. Ici la Douve grossie des eaux du Merderet prend des allures de petit fleuve.

Une gabarre
à Liesville-sur-Douve.

Ligne Joret En 1883, le linguiste Charles Joret (1829-1914) établit une ligne séparant les parlers du nord et du sud de la Normandie en prenant en considération les caractères consonantiques. Son livre, *Des caractères et de l'expansion des patois normands*, ouvrait une véritable réflexion sur les origines du vocabulaire et sur les influences nordiques telles que l'on pouvait les entendre en Cotentin* et dans le pays de Caux. La ligne Joret englobe les îles Anglo-Normandes*, coupe le département de la Manche selon un axe allant de l'estuaire de la Sienne à Saint-Lô*, séparant ainsi le Cotentin linguistique du reste du sud du département de la Manche.

Lindbergh (Charles) 1902-1974 C'est entre le cap de la Hague* et Cherbourg*, que le pionnier de l'aviation a coupé la terre, lors de la première traversée de l'Atlantique en avion le 21 mai 1927. Après sa tournée triomphale à Paris, Bruxelles et Londres, Charles Lindbergh entreprend son voyage de retour aux États-Unis. Le *Spirit of Saint Louis* est démonté et chargé à bord d'un Breguet qui s'envole pour Lessay* puisque Cherbourg* ne

dispose pas encore d'aérodrome. Le village de Lessay fête le héros, puis Cherbourg également. Là, le pilote et son avion embarquent à bord du croiseur américain USS *Memphis* pour la traversée du retour. En souvenir de ces moments héroïques Lessay a baptisé son aérodrome « Charles-Lindbergh » en 1980.

Lithaire
Le village se trouve au pied du mont Castre, une colline culminant à 122 mètres, lieu d'une bataille entre les tribus gauloises de la région, les Unelles et les troupes romaines en 56 avant Jésus-Christ. Les Gaulois se seraient repliés derrière le Hague Dick* avant d'être défaits. En juin et juillet 1944, au cours de la bataille des Haies, les Américains subirent de lourdes pertes autour du mont Castre.

Longpré (Catherine Simon de) 1632-1668
Catherine de Saint-Augustin en religion est née à Saint-Sauveur-le-Vicomte* en 1632, entrée dans les ordres à l'âge de douze ans, chez les hospitalières de Bayeux, elle s'est dévouée toute sa vie aux pauvres et aux malades. En 1648 elle part pour le Québec où elle rejoint les fondatrices de l'Hôtel-Dieu, le premier hôpital de la ville de Québec. Elle y meurt à l'âge de trente-six ans. Elle a été proclamée bienheureuse par le pape Jean-Paul II en 1989.

Louerie
Jusque dans les années 1960, les foires d'été proposaient également « la louerie* », ou l'emploi des ouvriers agricoles ou domestiques. Chaque candidat venait avec le signe distinctif de sa spécialité : le charretier avait un fouet sur l'épaule, le berger son chien en laisse, la « triolette* » son tabouret de traite du lait. Les fermiers mais aussi les bourgeois accompagnés de leurs épouses allaient de groupe en groupe. On cherchait un valet, un garçon de ferme, une servante. Les deux parties se mettaient d'accord sur les gages puis le fermier donnait un acompte qui servait à l'élu pour fêter l'événement. À propos de cette tradition aujourd'hui disparue, Louis Beuve* a écrit une complainte fort touchante intitulée « Les Adieux d'une grand-mère à son fisset loué petit valet l' jou d'la Saint Cliai », que l'on chantait encore au coin du feu à la fin des années 1950.

Moutons paissant dans les herbus.

Buvards publicitaires pour
les biscottes Magdeleine.

Magdeleine (Henri) 1898-1973 Né à Tréauville* au sein d'une famille nombreuse, Henri Magdeleine passe son CAP de boulanger. Après la guerre, il se lance dans la production de biscottes à l'échelle industrielle à Granville. Devant la remarquable expansion de son entreprise, il crée même un second site de production à Béziers. Henri Magdeleine avait parfaitement saisi les changements d'habitudes alimentaires faisant passer la biscotte du rang de produit diététique à celui de produit de grande consommation. En 1968 il cède sa marque au biscuitier Lu. Les biscottes Magdeleine sont cependant toujours produites dans l'usine granvillaise du groupe Lu-France.

Manche (La) Elle a donné son nom au département dans lequel se situe le Cotentin* et elle baigne la presqu'île sur trois côtés. Ce bras de mer qui sépare l'Europe continentale de la Grande-Bretagne est long de 500 kilomètres et large de 250 (sur sa plus grande largeur) et sa profondeur maximale est de 172 mètres. Les courants de marée y sont puissants avec de forts marnages et c'est une voie de communication maritime très active.

Marais (Jean) 1913-1998 L'acteur est né à Cherbourg*, 6, rue Groult où se trouve désormais la place Divette, le 11 décembre 1913. Ses parents s'étant séparés, il part vivre à Paris avec sa mère et son frère alors qu'il n'avait que quatre ans et ne revint à Cherbourg qu'en 1961 pour l'inhumation de son père.

Marcel-Jacques (Alphonse) 1874-1952 Né et mort à Cherbourg*, Alphonse Marcel-Jacques bénéficie d'une bourse qui lui permet de suivre les cours, à l'École des arts décoratifs puis des beaux-arts de Paris. Par la suite il entre à l'atelier de Rodin. Il expose au salon de 1897 : « Parmi les sculpteurs, écrit le critique d'art Georges Lafenestre, on a remarqué un débutant, M. Marcel-Jacques. La statue de Jean-François Millet* en gros sabots, en vareuse, assis sur un rocher parmi les herbes, malgré quelques gaucheries, est de bonne conception. » Cette statue sera saisie par l'occupant pendant la Seconde Guerre mondiale et envoyée à la fonderie, elle reprendra sa place à Gréville-Hague* en 1998, pour le centenaire de son inauguration. Alphonse Marcel-Jacques exécuta également la statue d'Emmanuel Liais* à Cherbourg et le buste de l'abbé de Saint-Pierre*, à Saint-Pierre-Église*. Retiré dans la Manche, Marcel-Jacques passe les vingt dernières années de sa vie dans le petit village de Siouville.

Marchésieux (Maison des marais de)

La Maison des marais de Marchésieux, au cœur du parc naturel des marais du Cotentin* et du Bessin, a été installée dans un bâtiment traditionnel caractéristique de l'architecture locale avec son soubassement en pierre, ses murs en torchis et sa couverture en chaume. Acquise par la commune, elle abrite un musée qui témoigne de la vie d'antan dans cette région que l'on appelait le

La maison des marais de Marchésieux.

Le buste de Jean-François Millet est ce qui reste de sa statue fondue pendant la Seconde Guerre mondiale.

bas-pays. Le musée présente les équipements des pêcheurs, réglementés par l'inscription maritime. Le paiement d'un rôle leur permettait de naviguer sur les différents cours d'eau, de se servir de foènes, de bourraques, d'un épervier, d'un carrelet, voire d'une senne dans les zones les plus larges. Ils attrapaient des anguilles qu'ils mettaient à fumer dans la cheminée ; d'autres les vendaient fraîches sur les marchés de la région. Elles étaient alors grillées, bien salées, ni vidées ni pelées. À la fin du marché, entre le pouce et une tranche de gros pain, elles constituaient une solide collation. Le marais n'était pas un paysage statique puisque y circulaient des gabarres, embarcations à fond plat, des longues, qui transportaient de la tangue*, des briques, des tuiles, des matériaux, voire des animaux que l'on déplaçait.

Le château de Beaurepaire à
Martinvast a subi de nombreuses
transformations au gré de
ses propriétaires successifs.

Martinvast Proche de Cherbourg*, cette
commune compte quelques jolies demeures
telles que le manoir de Beuzeville et le manoir
de Carneville et surtout le château de Beaurepaire dont l'origine est antérieure à la guerre
de Cent Ans comme en témoigne sa tour féodale. Il a été restauré par le comte Alexandre
du Moncel* de 1830 à 1867. Transformé en
château gothique par le baron Arthur de
Schickler, il a été sérieusement endommagé en
1944 et restauré à partir de 1967 par le comte
de Pourtalès, son descendant. Le parc floral
du château compte de somptueux massifs de
rhododendrons abrités par des conifères exotiques, il est ouvert au public.

Martyrs de septembre Parmi les 191 religieux exécutés au couvent des Carmes à Paris
le 2 septembre 1792, parce qu'ils refusaient
de prêter serment à la constitution civile du
clergé, vingt-deux prêtres originaires de la
Manche figurent parmi les victimes, à l'image
de Louis Lanchon, né aux Pieux* ou de Nico-
las Cléret, originaire de Barfleur*. Considérés
comme martyrs par l'Église catholique, ils ont
été béatifiés en octobre 1926 par le pape Pie XI.

Mère Denis Avant de devenir une icône
de la publicité, Jeanne Denis (1893-1989) a
pendant vingt-sept ans été garde-barrière
sur la ligne Carentan-Carteret. En 1972, alors
qu'elle est âgée de soixante-dix-neuf ans, son
voisin, le publicitaire Pierre Baton, a l'idée de
l'employer à la publicité des lave-linge de la
marque Vedette. Le film publicitaire est tourné
au hameau du Tôt à Barneville-Carteret*,
dans un lavoir sur la Gerfleur, dont le toit est
reconstruit pour l'occasion. Son naturel désar-
mant, son franc sourire et ses expressions
restées célèbres, telle : « c'est ben vrai, ça ! »,
font que la notoriété de la Mère Denis dépasse
finalement la marque qu'elle représente.

Le lavoir de Barneville a été
restauré pour les spots publicitaires
mettant en scène la Mère Denis.

Meubles Lorsque les coffres disparurent du mobilier traditionnel pour être remplacés par les armoires, celles-ci devinrent le premier meuble nécessaire à l'installation de tout jeune couple, à tel point que l'armoire* normande, même si elle est de styles et de décorations variables, est devenue un terme générique. Le vaisselier est un autre élément important du mobilier familial en Cotentin* car y sont rangées les kannes* en cuivre de cinq à six pots, les plats à bouillie, la bassine à confiture, les assiettes et les couverts. Dans sa partie haute, fermée, la maîtresse de maison y place des produits achetés au bourg, café, sucre, épices. En Cotentin, l'horloge est de type demoiselle de Coutances* avec sa forme ventrue et au centre une vitre circulaire qui laisse voir le déplacement du balancier en cuivre poli.

Mielle Ce mot d'usage courant désigne un terrain sablonneux de bord de mer situé entre le rivage et les premières ondulations du relief qui marquent l'ancienne falaise. Le mot vient du scandinave *melr*, dune. Sur cette zone assez aride pousse le *milgreu* en scandinave, l'herbe des dunes ; en français, l'oyat. Depuis la fin du XIIe siècle, les mielles sont laissées aux habitants de la paroisse pour y faire paître leurs animaux moyennant un droit d'usage. Le seigneur du lieu pouvait aussi les utiliser en garenne.

Autoportrait, Jean-François Millet, musée Thomas-Henry de Cherbourg.

Millet (Jean-François) 1814-1875 Connu surtout pour son tableau le plus célèbre *L'Angelus* (1858), membre du groupe de Barbizon, Jean-François Millet est né au cap de la Hague* dans le hameau de Gruchy sur la commune de Gréville où il passa les vingt premières années de sa vie. Doté d'une bourse accordée par la municipalité de Cherbourg* en 1837, il étudie aux Beaux-Arts à Paris. Après son échec au grand prix de Rome, il revient à Cherbourg où il vit de la vente de portraits et épouse Pauline Ono qui décédera en avril 1844. De retour à Paris il se lie avec Honoré Daumier et expose chaque année au Salon. En 1847 et 1848 ses toiles sont remarquées et il s'installe à Barbizon où il peint des scènes paysannes. Il se remarie en 1853 avec Catherine Lemaire avec qui il aura neuf enfants. Revenu à la Hague* pour le décès de sa mère, il peindra *Le Hameau Cousin*, *La Maison du puits*, *Le Puits de Gruchy*. Il revient ensuite dans le Cotentin* avec sa famille en 1870 alors que les Prussiens occupent Paris.

Pendant dix-huit mois, délaissant les scènes paysannes, il peint les paysages et les villages de la presqu'île. Il meurt à Barbizon en 1875. Les principales collections de ses œuvres se trouvent au musée d'Orsay à Paris et au musée Thomas-Henry à Cherbourg*.

Mine de Diélette (La) De 1865 à 1962 a été exploitée, sur la commune de Flamanville*, l'unique mine de fer en Europe dont l'extraction s'effectuait sous la Manche. Le petit musée qui lui est consacré à Flamanville évoque les épisodes tumultueux de cette aventure exceptionnelle.

À l'origine l'exploitation s'effectue de façon artisanale, mais en 1907 la Société des mines et carrières de Flamanville est créée à Paris avec, parmi ses actionnaires, le puissant groupe sidérurgiste allemand, Thyssen. Des travaux de modernisation sont alors lancés : création d'une centrale électrique, de silos

de stockage pour entreposer le minerai, un téléphérique en mer avec à l'extrémité un terminal d'appontement pour charger les cargos et, à terre, une grande tour en béton qui surmonte le puits numéro 4. Près de 400 personnes travaillent alors sur le chantier et le 20 juillet 1914, un premier cargo charge plus de 2 500 tonnes de minerai. Quelques jours plus tard la Première Guerre est déclarée et la mine, considérée comme un bien allemand, est mise sous séquestre, les puits sont noyés. L'activité ne reprend qu'en 1928 pour être de nouveau interrompue pendant la Seconde Guerre mondiale. Elle est relancée en 1951 pour une dizaine d'années ; à sa fermeture la mine employait 150 personnes. Aujourd'hui la centrale nucléaire de Flamanville se trouve à l'emplacement même où se trouvaient les puits, les entrepôts de stockage et les bureaux de l'entreprise.

Moncel (Alexandre du) 1784-1861 Né à Helleville dans le canton des Pieux* le 6 décembre 1784, le comte Alexandre Henri Adéodat du Moncel, polytechnicien et général du génie, sert sous l'Empire et la Restauration où il est fait pair de France. À partir de 1820, il entreprend la restaura-

La mine de Diélette et le téléphérique pour transborder le minerai.

tion du château familial à Martinvast* où il crée une ferme modèle. Il s'y retire en 1848 tout en retrouvant son mandat de conseiller général d'Octeville de 1852 à 1861. Il était membre de la Société académique de Cherbourg* depuis 1831. Son fils, Théodose (1821-1884), est un scientifique élu à l'Académie des sciences en 1874, il succède à son père comme conseiller général du canton d'Octeville.

Montaigu-la-Brisette

Dominant le panorama de la rade de Saint-Vaast-la-Hougue*, l'enclos paroissial est remarquable avec l'église du XIIIᵉ dédiée à saint Martin, le cimetière entouré de hêtres, l'ossuaire du XIVᵉ et une fontaine.

Montebourg

L'église paroissiale Saint-Jacques a été bâtie au début du XIVᵉ siècle par l'abbé de Montebourg, elle se trouve sur l'itinéraire des pèlerins anglais se rendant à Compostelle. Le village s'est formé en raison de la présence de l'abbaye Notre-Dame-de-l'Étoile fondée par Guillaume le Conquérant. Mise à mal pendant la guerre de Cent Ans puis pendant les guerres de Religion, elle est vendue comme bien national pendant la Révolution avant d'être relevée à la fin du XIXᵉ siècle. Les Frères des écoles chrétiennes installèrent dans les bâtiments conventuels une école d'agriculture et un établissement d'enseignement général. L'église abbatiale fut reconstruite et inaugurée en 1936. Elle conserve de l'église primitive une cuve baptismale très originale. L'ensemble du bourg a été très endommagé par les bombardements alliés en 1944 et l'église Saint-Jacques fut en grande partie reconstruite. Chaque année se tient la foire de la Chandeleur, le premier week-end de février. Cette foire aux bestiaux,

La fontaine de Montaigu-la-Brisette.

Les ruines de l'église Saint-Jacques à Montebourg en 1944.

si elle a perdu de son importance, reste pittoresque et animée. On vient y déguster une spécialité locale, les pieds de cochon à la Cassine, préparés comme des tripes à la mode de Caen. Un délice!

Montfarville L'église du XVIIIᵉ a été entièrement décorée en 1879 de fresques de Guillaume Fouace*, représentant chacune un épisode de la vie du Christ. *La Cène* se trouve dans le chœur. Des habitants du pays dont la femme du peintre ont servi de modèles aux différents personnages. Une ravissante statue polychrome, une Vierge à l'Enfant, est vénérée sous le nom de Notre-Dame-de-la-Consolation.

Moque Nom usuel en Cotentin* pour désigner la grande tasse à cidre en faïence ou en poterie du pays. À rapprocher du mot anglais *mug*.

Moulins Même si le Cotentin* ne compte pas de grands cours d'eau, ses rivières faisaient tourner plus de 1200 moulins, au XIXᵉ siècle ; contre 60 moulins à vent pour l'ensemble du département. En conserver quelques-uns a donc été une bonne idée. Ce grand nombre de moulins s'explique par la polyculture largement pratiquée dans la Manche : avant que les agriculteurs ne soient encouragés à mettre leurs prés en herbe pour les vaches laitières, ils cultivaient de

Pour peindre les fresques murales de l'église de Montfarville, Guillaume Fouace avait pris pour modèles ses proches et les villageois.

Page de gauche.
La nef de l'abbaye de Montebourg.

Le moulin d'Agon
en 1911.

nombreuses sortes de céréales et alimentaient les marchés de différentes farines. D'où la présence de nombreuses halles à blé dans les bourgs.

Moutons L'agneau de pré-salé, élevé dans les havres de la côte ouest du Cotentin*, de Carteret* jusqu'à la Sienne en passant par La Vanlée, bénéficie de l'AOC. Sur ces pâtures poussent la puccinélie maritime, la soude maritime, des limoniums, le chiendent maritime, l'obione, qui donnent à leur chair un goût très particulier. L'agneau de pré-salé est mis en vente à partir de la Pentecôte. Le pre-

mier samedi du mois d'août depuis 1937 se tient la foire aux moutons de Jobourg*. S'y vend le roussin de la Hague*, un petit mouton rustique, bien adapté au climat rude de la presqu'île, aux embruns et à la pluie.

Mur de l'Atlantique En 1942, après l'entrée en guerre des États-Unis, Hitler, craignant un débarquement allié sur les côtes occidentales de l'Europe, décida le renforcement des défenses côtières selon une ligne extensive allant de la Norvège à l'Espagne. La Normandie était particulièrement concernée par ce mur de l'Atlantique, notamment ses ports faisant face à l'Angleterre. C'est pourquoi les Alliés décidèrent de débarquer sur des plages et de tenter de prendre les défenses allemandes à revers. La prise du port de Cherbourg*, absolument nécessaire à la mise en place de la logistique qui suivit le Débarquement*, représenta un véritable obstacle.

Le 28 juillet 1944, des soldats américains examinent une pièce d'artillerie qui défendait un blockhaus du mur de l'Atlantique.

Parc à huîtres sur la côte du Cotentin.

Bannière de Saint-Martin dans l'église d'Omonville-la-petite.

la Nouvelle-France, remarque sa vivacité et en fait un interprète auprès des tribus amérindiennes. Lors de la prise de Québec par les Anglais en 1629, Jean Nicolet ne rentre pas en France mais reste parmi les Indiens où il se marie et a une fille. À son retour trois ans plus tard, Champlain l'envoie en mission d'exploration, espérant qu'il trouverait un passage vers la Chine. Jean Nicolet fut donc un des premiers explorateurs du continent nord-américain découvrant les lacs Huron et Michigan. En 1635 il se remarie avec Marguerite Couillard, également originaire de Normandie, avec laquelle il a une autre fille. Il décède accidentellement par noyade alors qu'il se rendait auprès d'une tribu indienne en canot. Son souvenir se perpétue en Amérique du Nord par les rivières, les villages et les cantons qui portent son nom.

Nez Du scandinave *ness*, il désigne un cap.

Nicolet (Jean) 1598-1642 Né à Cherbourg* en 1598 d'une famille originaire de Hainneville, Jean Nicolet s'embarque à vingt ans pour le Québec. Samuel Champlain, fondateur de

Omonville-la-Petite Cette commune où se situe la maison de Jacques Prévert* est une des plus pittoresque de la Hague*. Ses maisons de schiste entourent l'église Saint-Martin du XIVe siècle.

Bateaux de pêche dans le port.

Le cimetière allemand d'Orglandes est le plus important du Cotentin.

Le manoir du Tourp est une
imposante ferme fortifiée.

rivière, la Vallace. Le manoir du Tourp, du XVIe siècle, avait séduit Roman Polanski qui y tourna son film *Tess* en 1978. Ce bel exemple de ferme à cour fermée, aujourd'hui propriété de la communauté de communes, a été restauré et présente des expositions.

Omonville-la-Rogue Situé dans un vallon qui s'ouvre sur la Manche par le port du Hâble, de fondation gallo-romaine, ce village de la Hague*, très fleuri, est particulièrement séduisant avec son église gothique du XIIIe siècle. Il est traversé par une petite

Orlandes (cimetière allemand d')

Après le cimetière de La Cambe dans le Calvados, c'est le plus important cimetière allemand en Normandie, il regroupe 10 152 tombes.

Ostréiculture L'ostréiculture normande est basée sur l'élevage de l'huître creuse, *crassostrea gigas*, de forme allongée. Grâce à la forte amplitude des marées, jusqu'à quatorze mètres, les huîtres sont élevées en pleine mer et nourries par le plancton qui abonde dans les eaux brassées de la Manche. La production est vendue pour la consommation directe mais également à d'autres bassins, notamment en Poitou-Charentes, où les huîtres prennent l'appellation du bassin d'affinage.

Parc à huîtres devant la tour de la Hougue, Jean-Baptiste Guillemet, musée maritime de l'île de Tatihou. Ce tableau représente les premiers parcs d'élevage des huîtres à la fin du XIXe siècle.

La pêche à pied reste une des activités favorites des habitants du Cotentin.

oPq

Parapluie de Cherbourg

C'est le film de Jacques Demy qui donna l'idée à Jean-Pierre Yvon de lancer « Le véritable Cherbourg », un parapluie haut de gamme, en 1986. Fabriqué dans la Manche il décline toute une gamme de modèles adaptés aux différents styles de vie. En s'inscrivant auprès de la maison du tourisme de Cherbourg*, il est possible de visiter la manufacture.

Parc naturel régional des marais du Cotentin et du Bessin

Créé en juin 1991, constituant le 27e parc naturel régional français, il a pour but de protéger une zone humide exceptionnelle que les crues hivernales recouvrent. Regroupant 150 communes sur 146 650 hectares dont 30 000 en zone humide, selon sa charte, il concilie la protection des paysages et des richesses naturelles avec le développement économique. La Maison du parc, à côté de Carentan*, permet de découvrir les différentes missions et activités de cette structure.

Passage de la Déroute

Ce détroit entre les côtes de la Manche et les îles Anglo-Normandes* est un passage très dangereux en raison des courants très violents qui s'y opposent. Il a été le lieu de nombreux naufrages.

Patois

Le patois, « la langue merveilleuse de mon pays », disait Barbey d'Aurevilly* au XIXe siècle. Le normand est issu de la langue d'oïl et du norrois apporté par les envahisseurs. Il connaît des variantes, ce sont le cotentinois et le coutançais que l'on parle dans la partie nord du département de la Manche. Dès la fin du XIXe siècle, les érudits dans les sociétés savantes s'alarment de la disparition des langues régionales. Le normand a ses défenseurs poètes et écrivains à l'image d'Alfred Rossel*, Louis Beuve*, Gire Gannes, André Desnouette et Côtis-Capel* qui montrent que l'on peut écrire des textes forts et poétiques en s'appuyant sur la langue des anciens. En 1927, l'abbé Birette, historien du Val de Saire*, écrivait dans l'avant-propos de ses *Dialectes et légendes* : « Le patois va mourir. Il est si vieux ! Pourtant ce n'est point l'usure qui le délabre. Sa vitalité est surprenante. Mais il meurt de mort violente, écrasé sous les roues des locomotives. Et d'autres brigands sont conjurés pour sa perte : le journal, l'école, la caserne, sans compter la guerre qui vient de l'empoisonner… »

Il avait trouvé au fil des années de bons apôtres. Il n'est plus la langue du quotidien mais déjà l'expression des temps anciens.

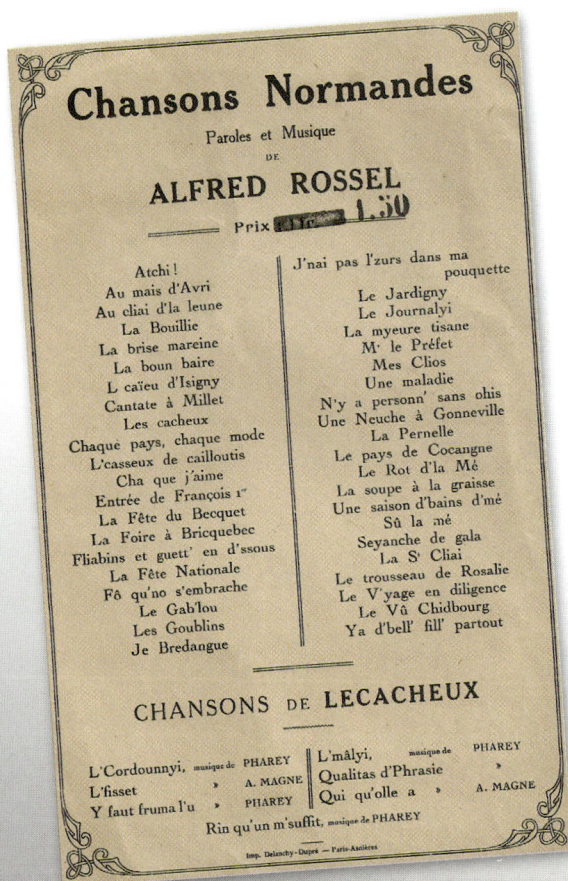

Les *Chansons normandes* d'Alfred Rossel étaient entonnées lors de banquets ou de fêtes villageoises.

Débarque du poisson sur les quais de Saint-Vaast-la-Hougue.

Payerne (Prosper Antoine) 1806-1886

Ce médecin de formation réalise le premier prototype de sous-marin disposant d'un système intégré de régénération de l'air. En 1846, l'engin baptisé le *Belledonne* fait ses premiers essais dans la Seine. Il est par la suite utilisé pour des travaux portuaires. À Cherbourg*, où il s'est installé, Prosper Antoine Payerne imagine en 1852 un tunnel ferroviaire sous la Manche.

Pêche

La pêche reste une activité économique essentielle pour le Cotentin*. Cherbourg*, qui dispose d'un port pour la pêche hauturière et la pêche côtière et d'une criée installée en 1961, reste le port principal. Les autres ports, Barfleur* spécialisé dans la moule, Saint-Vaast-la-Hougue* spécialisé dans les huîtres et Barneville-Carteret* n'ont que des flottilles de pêche côtière. Les prises principales sont les maquereaux, les sardines, les bars, les soles et les crustacés. La coquille Saint-Jacques est également très prisée ; la saison de pêche, très réglementée afin de protéger la ressource, s'étend d'octobre à juin. La pêche à pied, autrefois pratiquée par les professionnels, est devenue une activité de loisir. Les habitants de la région suivent chaque mois les coefficients de marée pour aller à la crevette et aux coques ou dans les rochers à la recherche des étrilles, des dormeurs, parfois d'un congre annonciateur d'un homard. Là aussi il existe une réglementation concernant la taille et la saison des prises pour certaines espèces.

Pelée (île) Ce petit îlot doté d'un fort militaire au XVIIIᵉ siècle a servi de point d'appui pour la construction de la digue de l'est entre 1890 et 1894, qui protège la rade artificielle de Cherbourg* et la relie à la plage de Collignon.

Pernelle (La) Véritable vigie de la côte est du Cotentin*, cette petite commune du canton de Quettehou* offre aux promeneurs un somptueux panorama. Les Allemands avaient fortifié l'endroit pendant la Seconde Guerre mondiale. Devant l'église un poste de direction de tir était enfoui sous une épaisse calotte d'acier. Il dirigeait le tir des six pièces de 105 à proximité. L'église Sainte-Pétronille, largement sinistrée lors du Débarquement*, a été reconstruite en respectant son allure d'origine. À côté de l'église, la mairie, l'une des plus petites de France, s'abrite dans un ancien corps de garde.

Le manoir d'Ourville
à La Pernelle.

Périers Une voie romaine qui allait de Rennes à Valognes* passait ici, évitant ainsi les marais et les landes de Lessay*. Cela suffit à confirmer l'existence d'une bourgade depuis fort longtemps. Saint Louis, en 1256, s'y arrêta alors qu'il se rendait de Valognes au Mont-Saint-Michel. Jusqu'au milieu du siècle dernier, Périers est connu comme marché agricole. Les fermières préparaient leur beurre à la ferme et le vendaient aux commissionnaires sur le marché.

Son église gothique des XIIIᵉ et XIVᵉ siècles très endommagée par les combats de juin et juillet 1944 fut restaurée à l'identique grâce à l'énergie de Marcel Lelégard (1925-1994), prêtre et conservateur des antiquités de la Manche, dont le nom reste associé également à la restauration de l'abbaye de la Lucerne et du château de Pirou*.

Personnalité locale : Jean-Baptiste Pâturel (1896-1962), auteur des *Histouères de tcheu nouos*, recueil paru en 1937, dont les savoureux monologues faisaient le bonheur des troupes théâtrales de la région.

Perrault (Gilles) Né en 1931 à Paris, Gilles Perrault, auteur du *Pull-over rouge* et *Notre ami le roi*, habite Sainte-Marie-du-Mont* depuis 1961. Il ne pensait pas s'installer définitivement en Normandie, mais séduit par la discrétion des habitants, il leur a dédié un ouvrage, *Gens d'ici*, en 1981. Un saisissant tableau d'histoire qui commence avec l'arrivée des Vikings* et se poursuit jusqu'au débarquement américain de 1944.

Phares La presqu'île du Cotentin* est balisée d'un certain nombre de phares et de feux afin de prévenir des dangers nombreux en raison des courants maritimes et du relief côtier. D'est en ouest se trouvent : le phare de Gatteville* à la pointe de Barfleur*, le plus haut de tous avec ses 75 mètres ; le phare du cap Lévi* à Fermanville*, haut de 28 mètres, reconstruit à l'identique après la Seconde Guerre mondiale ; le phare du fort de l'ouest à Cherbourg*, propriété de la Marine nationale, il ne se visite pas ; le phare de Goury* à la pointe de la Hague* bâti à 800 mètres au large sur un rocher et haut de 52 mètres ; le phare de Barneville-Carteret* qui est une maison phare dans la falaise et le phare du Sénéquet* à cinq kilomètres au large de Gouville-sur-Mer.

Picauville L'église paroissiale, une construction du XIIIe siècle dédiée à saint Candide, rappelle les églises d'Île-de-France par sa nef, sans doute parce que la terre de Picauville a appartenu à saint Louis. Le château de l'Isle Marie, où Barbey d'Aurevilly* a séjourné, a servi de cadre à son roman *Ce qui ne meurt pas* (1883).

La communauté du Bon-Sauveur a été fondée à Picauville par Marguerite Feuillie de Riou, morte en odeur de sainteté le 22 septembre 1849. Elle est inhumée dans la chapelle,

Le château de l'Isle Marie.

reconstruite entre 1950 et 1953 par les architectes Levavasseur et Lebreton. Six nefs rayonnent autour de l'autel positionné au centre. L'une est réservée aux religieuses, une autre aux fidèles, les autres aux malades psychiatriques soignés dans cet établissement.

Picot Nom local du dindon mais aussi de la foëne à deux ou trois dents qui sert à pêcher les plies et les carrelets dans les havres.

Pieux (Les) Ce chef-lieu de canton est en développement constant depuis l'implantation de la centrale nucléaire de Flamanville*. L'endroit a conservé le charme d'une bourgade campagnarde avec de jolies maisons en granit dont certaines présentent un pignon couvert de lauzes en schiste bleu.

Victor Hugo* s'y est arrêté en 1836 alors qu'il randonnait dans le Cotentin* de Coutances* à Cherbourg*; dans une auberge il avait rencontré une hôtesse toute ronde qu'il a aidée à écosser les pois et à qui il a dit mille galanteries. La plage de Sciotot qui possédait autrefois un fort datant de la guerre de Sept Ans dispose d'un centre d'activités Voile et Vent qui organise la pratique du char à voile et du speed sail.

Pinte Unité de mesure correspondant à peu près à un litre ; désigne également un pichet.

Pirou (château de) Sur l'emplacement d'un campement viking*, fut construit au XIIe siècle un puissant château fort. Situé sur une île au milieu d'un lac artificiel il faut franchir cinq portes fortifiées pour y accéder

L'église et le presbytère
des Pieux au début
du XXe siècle.

et visiter les remparts, le donjon, la chapelle et le logis seigneurial. Il est également le lieu d'une des plus anciennes légendes du Cotentin* : assiégés par les Normands, le seigneur de Pirou et sa famille se changèrent en oies à l'aide d'une formule magique et quittèrent le château par les airs. Revenus quelques jours plus tard pour relire la formule et reprendre forme humaine ils découvrirent que le grimoire avait disparu dans l'incendie du château... Ce qui explique la migration des oies dans le Cotentin. La bâtisse ayant souffert pendant la guerre de Cent ans, elle fut plus ou moins abandonnée, mais elle servait de ferme au XVIIIe siècle. Sa restauration fut entreprise par l'abbé Lelégard en 1966. Elle a été classée aux monuments historiques en 1968.

Le château de Pirou a été sauvé de l'abandon par une restauration entreprise dans les années 1960.

Pommes Il faut attendre les XVe et XVIe siècles pour que la pomme, venue du Pays basque, trouve sa place dans la presqu'île du Cotentin*. Sa culture ne cesse de se développer et l'on différencie les pommes à couteau et les pommes à cidre. Les premières se mangent fraîches ou entrent dans la composition de plats cuisinés, les autres servent à la fabrication du cidre et chaque cidre résulte d'un mélange de variétés.

Jusqu'en 1914 le verger à pommes reste une culture florissante et cette année-là est créé le Syndicat pomologique de la Manche à Périers* pour contrôler la qualité de la production.

La Manche est alors le deuxième producteur de pommes derrière l'Ille-et-Vilaine. C'est après la Seconde Guerre mondiale que cette culture décline très fortement. Les cours des

Aujourd'hui on cherche à rétablir la culture de différentes variétés de pommes.

Jusqu'en 1914 la Manche était le deuxième département producteur de pommes en France.

pommes s'effondrent, la culture de variétés différentes est peu à peu abandonnée, le vin et la bière remplacent le cidre. La suppression du privilège des bouilleurs de cru et les primes versées à l'arrachage des pommiers concourent à l'anéantissement du verger cidricole. Aujourd'hui on reconnaît au cidre sa place sur les meilleures tables et on tente de rétablir la culture de différentes variétés de fruits.

Port-Bail Situé au fond d'un havre protégé par les dunes, Port-Bail a longtemps été un port de cabotage bien abrité. Les Romains y faisaient escale sur la route de l'étain et, du village Saint-Marc, partaient plusieurs voies romaines. Le bourg possède deux églises, l'une située au bord du havre, est surmontée d'une tour carrée. Dédiée à Notre-Dame, elle date du XIᵉ siècle. Caractéristique avec son clocher fortifié comme d'autres églises du littoral, elle présente à proximité un baptistère hexagonal datant du IVᵉ siècle, unique au nord de la Loire, découvert lors des fouilles de 1956. Son clocher a été fortifié au cours de la guerre de Cent Ans avec un couronnement de mâchicoulis. La seconde, Saint-Martin de Gouey, se trouve au milieu de la bourgade. La légende raconte qu'ici sont venus à la côte un reliquaire en forme de phare contenant la

Vue générale du havre de Portbail.

mâchoire de saint Georges, un morceau de la vraie croix et quatre évangiles.

Jusqu'à un passé récent les paysans de Jersey et de Guernesey venaient à Port-Bail lors de la foire de la Crottée pour y acheter du bétail. Ils mouillaient leurs bateaux au pied de la vieille église.

Port-Racine

Pas de balade dans la Hague* sans un arrêt à Port-Racine, sur la commune de Saint-Germain-des-Vaux, le plus petit port de France selon l'usage. L'endroit était le repère d'un des fameux corsaires* locaux, Jean-Médard Racine, né le 9 juin 1774 aux Moitiers d'Allonne. Il s'installe ici au début de l'année 1813 et y mouille sa goélette, *L'Embuscade*, avant d'attaquer l'ennemi. Les deux jetées que nous découvrons datent de la Troisième République. Entre leurs extrémités la passe n'est que de onze mètres. Cet abri ne peut recevoir que de petites barques de pêche amarrées tête et cul sur des aussières, en va-et-vient, pour éviter les effets du ressac.

Porte à causette

C'est une porte d'entrée à deux éléments, comportant un haut et un bas. La partie haute s'ouvrait et laissait apparaître une partie à claire-voie qui permettait de bavarder en toute tranquillité et à l'abri des intempéries.

Port-Racine à marée basse.

*La Charit*é par
Jean-François Millet,
musée Thomas-Henry
de Cherbourg. Ce tableau
montre une porte
à causette.

Porte charretière

Caractéristique de nombreux manoirs et de fermes fortifiées, cette porte se fermait avec d'épais volets de bois montés sur des gonds de fer massifs.

Porte charretière
du manoir de Morville.

Postel (Julie) 1756-1846

C'est au hameau de la Bretonne, à Barfleur*, que Julie Postel est née dans la jolie demeure de son père, artisan cordier. À treize ans, elle part à Valognes* au couvent des bénédictines pour y poursuivre sa scolarité. Elle y restera jusqu'à ses dix-huit ans. De retour à Barfleur elle ouvre une école pour enfants pauvres avec un internat pour les orphelines. Commence pour elle une longue carrière d'institutrice. Pendant la tour-mente révolutionnaire, elle porte assistance aux prêtres réfractaires, les aidant à émigrer vers l'Angleterre et organisant des messes clandestines. Il lui arrive d'avoir à se cacher à Montfarville*, à La Pernelle* et à Gatteville*. Le calme revenu, Julie Postel prononce ses vœux de religieuse sous le nom de sœur Marie-Madeleine et fonde la congrégation des Sœurs des

Marie-Madeleine Postel
a fondé en 1807 son ordre religieux enseignant dédié aux enfants pauvres.

écoles chrétiennes de la Miséricorde. Installée d'abord à Tamerville, la communauté rachète les ruines de l'abbaye de Saint-Sauveur-le-Vicomte*, qu'elle restaure. Elle est béatifiée en 1908 et canonisée en 1925.

Poteries

Dans le Cotentin*, pays laitier, les potiers fabriquent différents pots pour stocker le lait, récupérer la crème, voire de petites barattes individuelles. Il en est de même pour le cidre avec une variété de pichets et de bouteilles, des choquets pour servir le cidre à table, la taupette pour transporter la ration quotidienne d'eau-de-vie. Le guichon était une petite soupière individuelle qui permettait de garder la soupe au chaud en la glissant dans la cendre et le gohan était la gamelle que l'on emportait dans les champs. Outre la poterie à usage domestique, les potiers du Cotentin fabriquaient des tafettes, les tuiles rondes vernissées à dentelle ainsi que les épis de faîtage nommés ici des gaudions. Les principaux centres potiers du Cotentin sont Saint-Jacques-de-Néhou*, Saussemesnil* et Vindefontaine. Alphonse Hamel (1911-1977) a été le dernier potier artisanal de Néhou. Il savait façonner les poteries traditionnelles et les cuire au feu de bois, ce qui leur donnait une patine unique.

Quelques potiers continuent de façonner des épis de faîtages et de les cuire au feu de bois.

Pouque

Grand sac de toile ou de jute qui servait au transport de produits agricoles tels que le blé ou les pommes de terre.

Praires

La pêche de ce mollusque bivalve est autorisée de septembre à fin avril, elle s'effectue à l'aide de dragues métalliques qui grattent les fonds marins. Le nom des praires varie d'un lieu à un autre. À Agon-Coutain-ville*, on les appelle hanons, à Bricqueville des rouleresses, à Pirou, des moutons, ailleurs parfois des rigots ou des ricardés.

« Presse de la Manche »

En 1889, année de construction de la tour Eiffel à Paris, le Cherbourgeois Jean-Baptiste Biard lance un journal, le *Réveil*. Tiré à 3 500 exemplaires, il est diffusé dans les arrondissements de Cherbourg* et de Valognes* au prix de 5 centimes. Le journal devient quotidien en 1893 et change de nom quelques années plus tard pour prendre celui de *Cherbourg-Éclair*. Le fondateur du journal qui a préparé son fils André à sa succession décède le 28 décembre 1938. Pendant la guerre et l'occupation allemande, le quotidien est compromis pour collaboration et interdit de parution dès la libération de la ville. Le 3 juillet 1944, le premier quotidien à paraître dans la France libérée est la *Presse cherbourgeoise* dirigée par un groupe de résistants locaux. À la suite d'un procès, la famille Biard récupère son journal et en 1947 Marc Giustiniani, gendre

d'André Biard, en devient le directeur. Le 5 octobre 1953 la *Presse cherbourgeoise* devient la *Presse de la Manche*. En 1973, le quotidien abandonne le plomb pour passer à l'offset ce qui permet de faire progresser la pagination de 16 à 24 pages. Le journal sera au cœur de l'actualité avec l'affaire des Vedettes de Cherbourg* puis en 1986 avec les exportations illicites d'armes à destination de l'Iran.

Le 24 mai 1985 Marc Giustiniani décède après avoir passé trente-huit années à la tête du journal. Quelques mois plus tard, son épouse décide de céder le titre à son grand confrère *Ouest-France*. Depuis, le journal continue son parcours, avec une maquette rénovée, l'introduction de la couleur et la sortie de numéros spéciaux comme le supplément bilingue anglais-français, *Au nom de la Liberté*, paru en juin 2004 à 75 000 exemplaires.

 S'il fallait chercher un élément pour définir ce qu'est le Cotentin*, la zone de diffusion du quotidien serait un excellent indicateur.

Prétot (château de) La poterne du château comprend deux tours qu'éclaire une fenêtre à meneaux de pierre. La porte charretière unique permet l'accès à la demeure proprement dite, datant du XVIIe siècle. Une petite chapelle de style flamboyant mérite l'intérêt, avec son abside ornée de contreforts à pans coupés.

Prévert (Jacques) 1900-1977 Le poète et écrivain appréciait le cap de la Hague* qu'il avait découvert dans les années 1930 avec des amis et où il acheta une maison à Omonville-la-Petite* en 1970. Il y séjourna jusqu'à sa mort et repose avec sa femme et sa fille dans le cimetière.

L'entrée du château de Prétot.

La maison de Jacques Prévert
à Omonville-la-Petite
est ouverte au public.

Ouverte au public tous les jours pendant l'été, la maison de Prévert permet de plonger dans la vie et l'œuvre de l'artiste. Son atelier est le lieu où il a continué à réaliser ses collages.

Prométhée (naufrage du)

Le 7 juillet 1932, le sous-marin *Prométhée* sort de la rade de Cherbourg* afin de poursuivre ses essais à la mer, avec à son bord, outre son équipage, du personnel de l'arsenal et des techniciens de la société du Creusot. Vers midi le sous-marin stationne à sept milles au large du cap Lévi*. Chacun s'affaire à son poste, le lieutenant de vaisseau Gouespel du Mesnil et quelques marins sont sur le pont. Tout à coup le commandant sent le navire bouger anormalement sous ses pieds. Il se précipite dans la tourelle. Il a compris que l'assiette du sous-marin changeait. Dans le kiosque, il entend le bruit caractéristique des purges. Plus de doute possible, le sous-marin coule. La fermeture des panneaux ne peut être menée à son terme. Le *Prométhée* se dérobe et disparaît. Un pêcheur qui relevait ses casiers à proximité réussit à ramener sept rescapés à Cherbourg. Cette disparition tragique du *Prométhée* avait fait 63 victimes.

Protestantisme

L'esprit de la Réforme pénètre dans le Cotentin* dès 1528. Les nobles se montrent favorables aux nouvelles idées. Vers 1556, des pasteurs protestants entreprirent de convertir les populations aux idées nouvelles, en particulier à la Bible de Genève selon Calvin. Ils reçurent un accueil favorable. Le chef des protestants était le comte Gabriel de Montgomery, seigneur de Ducey. Ayant tué accidentellement le roi Henri II lors d'un tournoi en 1559, il avait fui en Angleterre et avait adopté la Réforme. Revenu en France, il se met au service de l'amiral de Coligny et devient le propagateur de la nouvelle religion en Normandie. L'année 1574 est particulièrement sanglante pour le Cotentin, Montgomery fait le siège de Cherbourg* défendue par le maréchal de Matignon, il échoue et se replie à Saint-Lô* tenue par son gendre François de Bricqueville de Colombières, non sans avoir semé la terreur et la désolation dans les campagnes. Alors qu'il tente de rejoindre Alençon, il est pris et exécuté en place de Grève à Paris le 26 juin 1574. Après l'édit de Nantes (1598) et alors que de nombreux nobles normands retournent à la foi catholique comme Henri IV, les Églises protestantes peuvent s'organiser. Par la suite les communautés protestantes du Cotentin connurent les mêmes difficultés que tous les protestants de France, dragonnades, enlèvements d'enfants, abjurations forcées. Plusieurs centaines de familles choisissent l'émigration en particulier vers les îles Anglo-Normandes* jusqu'à l'édit de Tolérance de 1787. Il faut attendre le concordat de 1801 pour que les protestants français puissent pratiquer leur culte librement. Ils sont très minoritaires dans le département de la Manche.

Plus anecdotique, la conversion au protestantisme en 1837 de la commune de Siouville*.

À la suite d'un litige sur la récolte du varech qui l'oppose aux communes de Flamanville* et de Tréauville* les habitants s'estiment lésés. Par rancune envers le curé dont ils considèrent qu'il n'a pas défendu leurs droits, ils se convertissent en bloc au protestantisme et inaugurent en 1842 le temple local qui restera en service jusqu'en 1908. C'est aujourd'hui une salle communale et par la suite les familles protestantes du canton des Pieux* iront suivre les offices à Cherbourg.

Famille protestante fugitive après la révocation de l'édit de Nantes, Edouard Hamman, musée maritime de l'île de Tatihou.

Le Cotentin est irrigué de nombreuses rivières.

Q-R

Querqueville Cette importante commune du canton d'Équeurdreville-Hainneville, au nord-ouest de Cherbourg*, jouit d'une vue magnifique sur la rade. La petite église Saint-Germain, avec son plan tréflé très rare, est d'origine préromane du XIe siècle. Dédiée à saint Germain d'Écosse, l'un des évangélisateurs du Cotentin*, elle a remplacé un bâtiment religieux plus ancien encore. Un château du XVIIIe abrite l'actuelle mairie ; la ferme manoir de la Cosquerie des XVIe et XVIIe siècles est un bel exemple de maison forte.

L'église de Querqueville, dédiée à saint Germain le Scot qui évangélisa la région.

Quettehou Quettehou vient du scandinave et désigne le village de *Kettil*. On ne prononce que deux syllabes, « ké-tou », comme pour Quettetot qui se prononce « ket'-tot ». Édouard III, roi d'Angleterre, y séjourna en 1346. Dans l'église Saint-Vigor construite au XIIIe siècle, bel exemple d'architecture normande, il fit de son fils aîné un chevalier connu sous le nom de Prince Noir.

L'église de Quettehou est un bel exemple de l'architecture normande.

Quinéville met en avant ses atouts de station balnéaire conviviale et sportive.

Quinéville Cette station balnéaire familiale avait séduit le peintre Félix Buhot* qui lui a consacré de nombreuses toiles, *Chaumières à Quinéville*, *Pêcheuse à pied sur la grève de Quinéville*, *Le fort de Quinéville* dit aussi *Le Gardien du fort*. Sur les hauteurs, se trouvent les ruines de la chapelle Saint-Michel-de-Lestre datant du XIIe siècle. Le château, du début XVIIIe, a accueilli Jacques II Stuart qui assista depuis sa terrasse à la désastreuse bataille de la Hougue* en 1692. Il a été édifié sur les fondations d'un château plus ancien et possède une glacière du XVIIIe siècle, luxe prisé des aristocrates fortunés qui appréciaient les friandises glacées.

Rauville-la-Place Sur cette commune proche de Saint-Sauveur-le-Vicomte*, se trouve le manoir de Garnetot. Malgré d'importantes modifications aux XVIIe et XVIIIe siècles, il a conservé un aspect robuste et défensif avec son donjon, ses tours et ses douves, révélant ses origines de château fort, fortifié au XIVe siècle par Édouard III d'Angleterre.

Ravalet (Marguerite et Julien de)

Mariée à quatorze ans à un receveur des tailles habitant Valognes*, Marguerite partage avec son frère Julien un fol amour incestueux. Elle abandonne son époux et rejoint son frère à Paris où ils furent arrêtés et mis en prison. Malgré les démarches de leur père, Jean de Ravalet, seigneur de Tourlaville*, pour les sauver, ils furent décapités en place de Grève le 2 décembre 1603, devant une foule immense. Ils sont inhumés dans une chapelle de l'église Saint-Jean-en-Grève avec cette inscription : « Ci-gisent le frère et la sœur. Passant ne t'informe point de la cause de leur mort : passe et prie Dieu pour leur âme. »

Il n'était pas rare au début du XXe siècle de faire photographier son château sous forme d'une carte postale.

Ravenel (Marie) 1811-1892 Elle est née à Réthoville où son père était meunier au hameau de la Coudrairie. Dans ce décor bucolique Marie Ravenel passe sa jeunesse, s'instruit seule, découvrant l'essentiel dans des livres qu'on lui prête. Après avoir appris le métier de couturière, elle épouse le commis de son père dont elle eut trois enfants. Elle quitte Réthoville pour Carneville dans la vallée des Moulins puis pour Fermanville* où elle passe la fin de sa vie. Elle publie en 1852 un recueil de poésies qui connut un joli succès de librairie. Ses œuvres complètes, poésies et mémoires, parurent en 1890 chez Le Maout à Cherbourg*.

LA BASSE-NORMANDIE PITTORESQUE

Bien humble j'ai grandi dans l'ombre des vallées,
Mais ma gloire a franchi ce modeste horizon ;
Mon pur amour des champs et mes strophes ailées
Garderont ma mémoire et l'éclat de mon nom.

Le monument dédié à la poétesse Marie Ravenel.

Redot Ce mot indique un enfant né longtemps après ses frères et sœurs. « Ravisot », « recoqui », « tardillon » en sont quelques variantes.

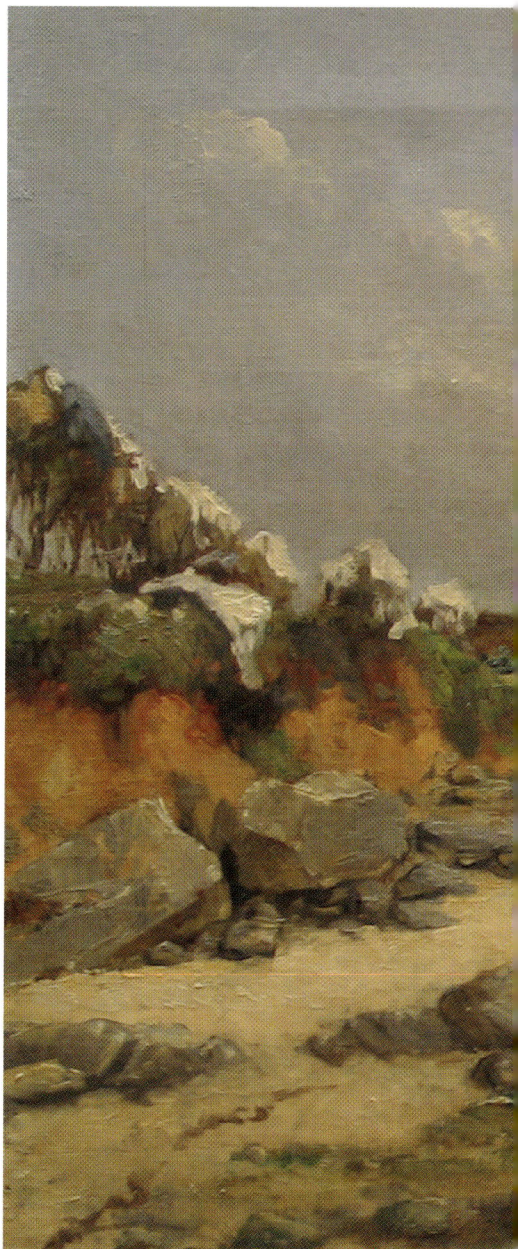

Réville À la pointe de la Loge, le cimetière barbare de Réville, qui comptait cent cinquante sépultures de l'époque mérovingienne, a été découvert par une équipe d'archéologues en 1962. Les fouilles ont permis de mettre à jour des épées, des bijoux et quelques objets de la vie quotidienne. L'église Saint-Martin du XIIe siècle

La plage de Réville,
par Guillaume Fouace, musée
Thomas-Henry de Cherbourg.

est toujours entourée de son cimetière. C'est le village natal du peintre Guillaume Fouace*.

Rivières Pas de fleuve dans le Cotentin* mais une multitude de petites rivières : la Saire prend sa source au Mesnil-au-Val à une altitude de 140 mètres, elle baigne Le Vast,

Pont de pierre sur une rivière du Cotentin.

FILMS DIS·PA PRÉSENTENT

VIVIANE ROMANCE

LA MAISON SOUS LA MER

d'après le Roman de PAUL VIALAR . Adaptation de JACQUES COMPANEEZ . Dialogues de GEORGES NEVEUX

CLÉMENT DUHOUR

GUY DECOMBLE . ARMONTEL . FAIVRE . SANTA RELLI . DELAITRE . GENIN et BROCHARD

MISE EN SCÈNE DE HENRI CALEF

PRODUCTIONS BERVIA·FILMS
27, Rue de la Rochefoucauld . PARIS

DINAS INTERNATIONAL FILM PRODUCTION
LONDRES

Distribué par DIS·PA · 3, Rue Troyon . PARIS 8e

Pour ce film tourné en 1946, Viviane Romance sort de son rôle habituel de femme fatale qui fit sa renommée avant la Seconde Guerre mondiale.

Valcanville et se jette dans la Manche entre Réville et Saint-Vaast après un parcours de 28 kilomètres. La Divette, longue de 24 kilomètres, descend des collines de Bricquebosc*, reçoit le Trottebec et se jette dans le port de Cherbourg*. La Taute, cours de 40 kilomètres, naît à Camprond, traverse les marais de Carentan* et rejoint la Manche au passage du grand Vey. Elle a pour affluents l'Ouve et la Sève. L'Ay, long de 32 kilomètres, prend sa source à Montsurvent, passe à Lessay* et se jette dans le havre de Saint-Germain-sur-Ay.

Rocailler C'est un terme courant pour désigner le fait d'aller à la pêche dans les rochers quand ils découvrent les jours de grande marée pour y débusquer des crabes, étrilles et tourteaux, un congre et peut-être le homard qui partage son trou.

Romance (Viviane) 1912-1991 Actrice de cinéma, vedette des années 1930, elle a tourné dans le film d'Henri Calef, *La Maison sous la mer*, dont l'action se passe dans la mine de Diélette*, à Flamanville*.

Rommel (Erwin) 1891-1944 À la tête de la 7ᵉ Panzerdivision, le général Rommel participe à la Campagne de France en mai et juin 1940 et prend Cherbourg* le 18 juin. La veille il avait passé la nuit dans le château de Sotteville*, dont le propriétaire, le colonel en retraite Jean Fromageot, était absent. Dans la bibliothèque, les officiers découvrent les plans de défense de Cherbourg qui avaient été offerts à l'officier français. Fort de ces informations, Rommel adapte sa stratégie et décide d'attaquer par Tourlaville. En raison de la déclaration d'armistice prononcée par Pétain deux jours plus tôt, la ville se rend aux Allemands.

En novembre 1943, Rommel revient en Normandie, il est nommé inspecteur des fortifications du mur de l'Atlantique* puis en 1944 il est chargé de la défense des côtes de la Manche*. Le 6 juin il se trouve en Allemagne, mais revient rapidement à son quartier général de la Roche-Guyon, où il exprime son désaccord avec Hitler sur la stratégie à appliquer pour repousser le débarquement allié. Le 17 juillet 1944, sa voiture est mitraillée par deux avions alliés. Grièvement blessé, il est rapatrié en Allemagne. Compromis dans l'attentat contre Hitler du 20 juillet 1944, il est contraint au suicide en octobre de la même année.

Rossel (Alfred) 1841-1926 Natif de Cherbourg*, ce fonctionnaire qui fit toute sa carrière à l'inscription maritime de la ville ne quitta jamais le Cotentin*. Il passait ses vacances à Barfleur* d'où sa femme était originaire. Occupant ses loisirs à écrire, il composa à partir de 1872 de nombreuses chansons en patois normand, popularisées par son interprète Charles Gohel. Elles restent enton-

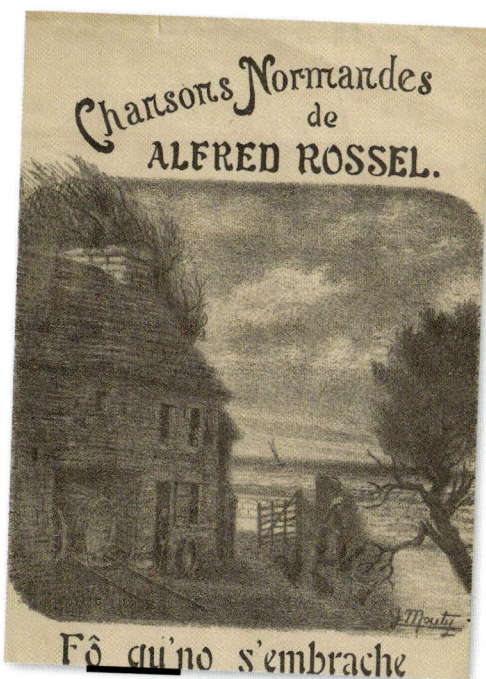

Alfred Rossel était à la fois compositeur et parolier de ses chansons en patois normand.

nées lors des fêtes de villages ou à l'occasion de banquets, et la plus connue d'entre elles « Su la mé » a été adoptée comme l'hymne du Cotentin.

Quaund jé sis sus le rivage,
Byin tranquille, êt'ous coum' mei ?
J'pense és syins qui sount en viage,
En viage au louan, sus la mé,
En viage, au louan,
en viage au louan sus la mé.

Rozel (Le) Située en bord de mer, cette commune du canton des Pieux* a une histoire fort ancienne. Dans une charte de Guillaume le Conquérant datant de 1077, il est fait mention d'un Hugues du Rozel. Pendant la guerre de Cent Ans, le château dépendait du comte de Suffolk, puis de Bertin de Enswith qui le conserva jusqu'au lendemain de la bataille

L'entrée du château
du Rozel.

de Formigny en 1450, qui marque la fin de la présence anglaise. La terre du Rozel s'est transmise par succession durant plusieurs siècles. Elle a appartenu à Jean de Ravalet, abbé de l'abbaye d'Hambye, qui est décédé au château le 24 février 1604 avant d'être inhumé au couvent des cordeliers de Valognes*. Cet homme de bien avait beaucoup œuvré pour l'éducation dans la région en soutenant le collège et les écoles de Cherbourg. Après lui, la terre du Rozel a été propriété des Hennot puis des Bignon en 1764, après un mariage avec Marie-Bernardine du Hennot du Rozel. La partie principale du château date du XVIIIe siècle. Les tours furent restaurées et coiffées de créneaux au XIXe siècle. Il propose aujourd'hui des chambres d'hôtes.

Le château de Saint-Sauveur-le-Vicomte qui vit naître l'écrivain Jules Barbey d'Aurevilly.

Saint Clair Saint très populaire en Cotentin*, ce natif de Rochester a quitté l'Angleterre, sans doute au IXᵉ siècle pour échapper à un mariage forcé. Il aurait débarqué à Cherbourg*, évangélisé le Cotentin* avant d'être ordonné prêtre à Coutances*. Parti s'installer en Haute-Normandie, il a fondé le monastère de Saint-Clair-sur-Epte et connu une fin violente puisqu'il est mort assassiné. Célébré le 18 juillet, quarante jours après la Saint-Médard, il est vénéré contre les maladies des yeux en particulier à Rauville-la-Place dans le canton de Saint-Sauveur-le-Vicomte* où l'on trouve une chapelle et une fontaine en son honneur. De nombreux sanctuaires du département lui étaient dédiés, à l'image de l'ancienne église de Donville-les-Bains.

L'église de Saint-Clair-sur-l'Elle est dédiée au saint guérisseur des maladies des yeux.

Saint-Côme-du-Mont L'endroit était l'un des fiefs de la tribu gauloise des Unelles qui contrôlait ainsi la communication à travers les marais du Cotentin*. Romanisé après la guerre des Gaules, il est devenu un point de passage sur la route de l'étain. Le prieuré de Saint-Côme-du-Mont dépendait de l'abbaye de Cluny ; il a reçu la visite de l'archevêque de Rouen, Eudes Rigault, en 1250. L'église paroissiale possède des fonts baptismaux de forme octogonale datant de la fin du XIIᵉ siècle. Le manoir de Haubourg a été édifié en 1632 par Léonard Rouxelin, avocat à Carentan*. De style Louis XIII il est extrêmement dépouillé et présente sur sa façade un jeu de damier de briques et pierres peu fréquent dans la région.

Saint Floxel Cet officier romain aurait été au IVᵉ siècle un des premiers évangélisateurs du Cotentin*. Une petite commune à proximité de Montebourg* porte son nom.

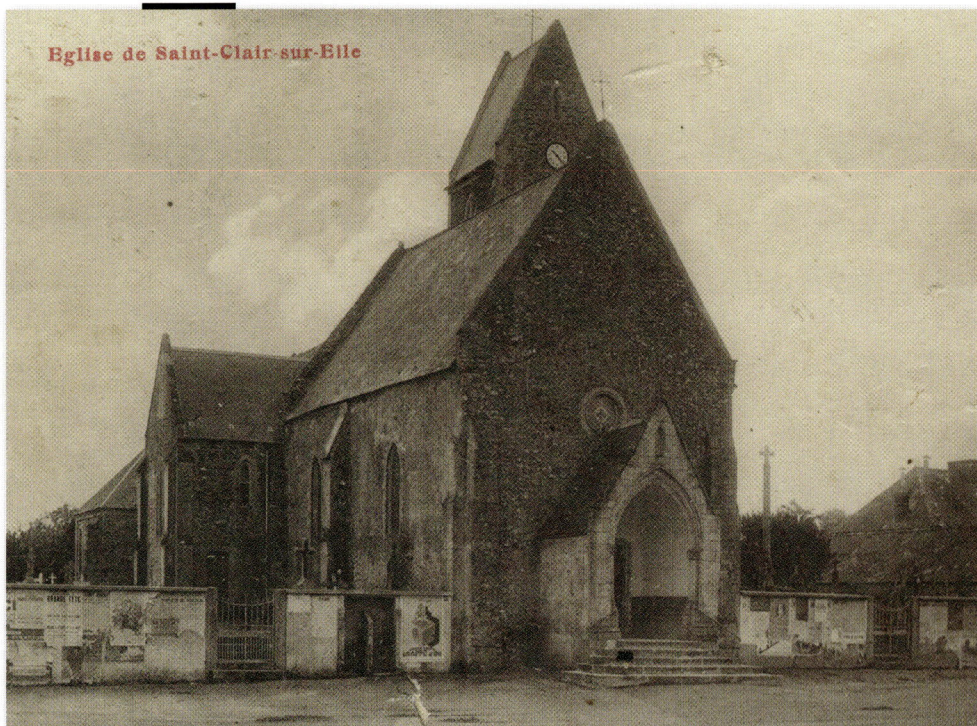

Eglise de Saint-Clair-sur-Elle

Portail d'entrée de l'église de
Saint-Côme-du-Mont, dédiée
à saint Côme et saint Damien,
elle est classée monument
historique depuis 1946.

Saint-Germain-des-Vaux Cette commune abrite Port-Racine*, le plus petit port de France. L'église date des XIIIe et XVIIe siècles. Dans la vallée des moulins se trouve le jardin Jacques-Prévert, créé par ses amis pour le dixième anniversaire de sa mort. Il est ouvert à la visite tous les après-midi de 14 h à 19 h.

Le clocher de l'église de
Saint-Germain-le-Gaillard.

Saint-Germain-le-Gaillard Consacrée à saint Germain d'Auxerre, l'église se compose d'un ensemble à deux nefs comme dans l'église de Vasteville*. À l'intérieur une statue polychrome de la Vierge à l'Enfant, du XVe siècle ; autre pièce originale, la statue de sainte Anne qui porte sur son bras gauche la Vierge enfant lisant dans un livre. Construit au XIVe siècle, incendié pendant la guerre de Cent Ans, puis modifié au XVIIe, le manoir de Bunehou est un beau témoignage de l'évolution de l'architecture normande. Il est aujourd'hui environné d'un parc à l'anglaise.

Saint-Jacques-de-Néhou Ce village était l'un des centres potiers du Cotentin* ; il comptait à la fin du XIXe siècle une dizaine d'ateliers. Le dernier potier traditionnel de Néhou fut Louis Hamel dont l'activité s'arrêta pendant la Seconde Guerre mondiale. Plus tard, son fils Alphonse relança l'activité de 1954 à 1977. La production de Néhou était très

régionale : la topette à calva dotée d'un goulot particulier, la cruche à cidre, le pot à miel, la chopène, étaient autant d'objets usuels.
Sur la commune, le manoir de Gonneville se présente comme une puissante ferme manoir, de forme carrée, avec la variété de dépendances que nécessitait une importante activité agricole.

Saint-Lô Centre administratif du département de la Manche, Saint-Lô est incontestablement du Cotentin*, elle qui prit le nom d'un évêque de Coutances* dont les reliques faisaient l'objet d'un pèlerinage, au VIe siècle. Fortifiée par Charlemagne, elle fut rasée par les envahisseurs vikings* en 889. Les remparts ne seront relevés qu'en 1096 sur décision d'Henri Ier, fils de Guillaume le Conquérant. Place forte du protestantisme au XVIe siècle, elle souffrit des guerres de Religion et beaucoup de ses habitants émigrèrent après la révocation de l'édit de Nantes. Elle tire sa prospérité du tissage des draps et de la laine, mais après la Révolution elle manque la révolution industrielle et devient essentiellement un centre agricole qui s'anime de nombreuses foires aux bestiaux. Elle n'est atteinte par le chemin de fer qu'en 1860. Elle est en déclin quand arrive la Seconde Guerre mondiale. Considérée par les Alliés comme

Panorama de Saint-Lô,
gravure du XIXe.

La statue de saint Marcouf, saint guérisseur, est entourée d'ex-voto.

un carrefour stratégique, elle est violemment bombardée les 6 et 7 juin 1944 afin d'empêcher les mouvements de troupes allemands. La ville détruite à 97 % prend le surnom de « capitale des ruines ». Elle est libérée le 19 juillet et entièrement reconstruite sur son ancien site dans un style néorégionaliste fonctionnel vite critiqué. Néanmoins elle profite du dynamisme économique des Trente Glorieuses et renoue avec la croissance. En

Les destructions de Saint-Lô furent si considérables qu'il fut un moment envisagé de ne pas reconstruire la ville sur son emplacement d'origine.

1953 elle retrouve son statut de préfecture, délégué à Coutances* le temps de la reconstruction. Il ne reste quasiment rien des bâtiments anciens, l'église Notre-Dame ayant été gravement endommagée, à l'exception de sa chaire extérieure dans le style flamboyant et de quelques vitraux. L'hôpital mémorial France-États-Unis impressionne avec sa tour de 11 étages et sa façade ornée d'une fresque de Fernand Léger. Un musée du Bocage* a été aménagé dans la ferme du Boisjugan, un ensemble architectural du XVIIᵉ siècle.

Personnalités de la ville : Urbain Le Verrier* (1811-1877), Octave Feuillet* (1821-1890).

Saint Marcouf Né à Bayeux en 500, évangélisateur du Cotentin*, il serait mort en 588. Reconnu pour guérir les écrouelles, il aurait fondé une abbaye sur le site du village qui porte son nom.

Saint-Marcouf-de-l'Isle L'église de Saint-Marcouf fut édifiée sur les ruines de l'abbaye de Nantus, ancien nom de la paroisse. La fontaine de Saint-Marcouf, du XIIIᵉ siècle, rappelle les dons de guérisseur du saint. La batterie allemande de Crisbecq, une des plus importantes du mur de l'Atlantique* avec ses 21 blockhaus sur un kilomètre, ouvrit le feu sur Utah Beach* lors du débarquement allié du 6 juin 1944. Prise deux jours plus tard, elle a été transformée en musée.

Un bunker de la batterie allemande de Crisbecq.

Double page précédente. *Isles St Marcou,* gravure anglaise du XVIIIᵉ siècle, musée maritime de Tatihou. À l'époque l'archipel était occupé par les Anglais.

Saint-Marcouf (îles) Situées à sept kilomètres de la côte est du Cotentin*, ces deux îles, l'île de Terre et l'île du Large, ne sont plus accessibles au public. Saint Marcouf s'y retirait en ermite après avoir prêché dans le Cotentin. Inhabitées, elles servirent de mouillages aux corsaires* de la Manche. Elles sont occupées par les Anglais en 1795 afin de contrôler la navigation en baie de Seine et de servir de refuge aux émigrants durant la Terreur. En 1802, Bonaparte décide de les faire fortifier et d'importants travaux sont réalisés. Sur l'île du Large, une tour casematée de cinquante mètres de diamètre est réalisée en blocs de schiste avec parement en granit et corniches moulurées. Elle comprend au premier étage 24 casemates recevant chacune une pièce d'artillerie. La construction est achevée en 1810 et les îles conservent une garnison jusqu'à la fin du XIXᵉ siècle. Pendant la Seconde Guerre mondiale, les Allemands ne les occuperont pas, se contentant de miner les abords. En s'en emparant, les Américains perdirent une vingtaine d'hommes sur les défenses antipersonnelles.

L'île de Terre est une réserve ornithologique peuplée de goélands et de cormorans, et des associations réclament la réouverture de l'île du Large aux plaisanciers qui ont le droit de mouiller entre les deux îles. La restauration et la sécurisation du fort seraient nécessaires.

Saint-Martin-le-Hébert Le manoir de la Cour est constitué d'un vaste quadrilatère complètement clos de murs, il est toujours entouré de douves profondes. La grosse tour sur la gauche est un colombier qui compte 2000 alvéoles que l'on appelle ici des boulins. Une fois entré dans la cour, on découvre une belle façade Renaissance du XVIIᵉ à deux étages.

Le manoir de la Cour à Saint-Martin-le-Hébert vu des douves, avec en premier plan le pigeonnier.

Saint-Pierre (abbé de) 1658-1743 Né

Charles-Irénée Castel de Saint-Pierre, au château de Saint-Pierre-Église*, fils du grand bailli du Cotentin*, il quitte sa région pour aller à l'université de Caen. Il y étudie la philosophie, les sciences et la théologie avant d'entrer dans les ordres au sein de la congrégation des Jésuites. À Paris, il fréquente les salons littéraires et réussit à être élu à l'Académie française sans avoir encore publié, sur sa notoriété et ses talents d'orateur. Précurseur de la philosophie des Lumières, il est moqué par Voltaire qui le surnomme « Saint-Pierre d'Utopie ». Négociateur au traité d'Utrecht (1712-1713), il s'inspire de cette expérience pour son ouvrage *Projet de paix universelle entre les nations* qui impressionne Jean-Jacques Rousseau. Critique à l'égard de l'absolutisme de la monarchie, il est exclu de l'Académie française, mais ne sera pas remplacé avant sa mort à quatre-vingt-cinq ans.

Saint-Pierre-Église

Le fief de Saint-Pierre-Église a appartenu aux Clamorgan, seigneurs anglo-saxons ralliés à Guillaume le Conquérant. La Longue Pierre, menhir de plus de quatre mètres de haut, rappelle le peuplement fort ancien du Cotentin*. Avec la Longue Pierre à Hacouville et la Pierre plantée à Cosqueville, elles illustrent la légende des Trois Princesses, leur dot serait enfouie au centre du triangle qu'elles forment... L'église est curieuse, elle ouvre par un porche roman et la nef est en forme de barque renversée. Sa tour carrée à balustrade de pierre, haute de 28 mètres, est ouverte à la visite en été. Chaque mercredi, le marché, le plus ancien du Val de Saire*, s'anime au pied de la statue de l'abbé de Saint-Pierre, l'enfant le plus célèbre du pays.

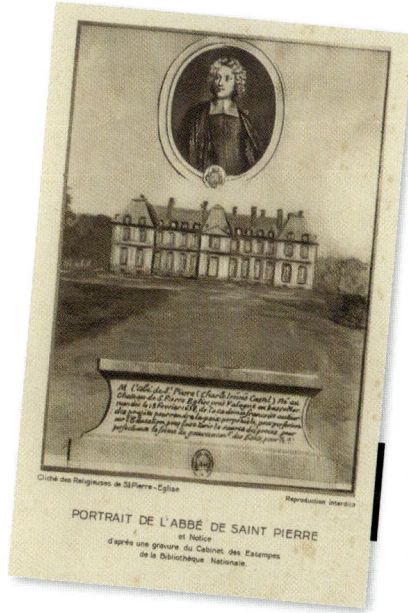

PORTRAIT DE L'ABBÉ DE SAINT PIERRE
et Notice
d'après une gravure du Cabinet des Estampes
de la Bibliothèque Nationale.

L'abbé de Saint-Pierre à l'esprit remuant et paradoxal est un précurseur de la philosophie des Lumières.

Saint-Sauveur-le-Vicomte

La Seconde Guerre mondiale et les violents combats de la Libération sont passés sur « cette bourgade jolie comme un village d'Écosse », selon l'expression de Barbey d'Aurevilly*. Ville natale de l'écrivain, il y passa les dix premières années de sa vie et la maison familiale est devenue un intéressant musée qui lui est dédié. L'implantation du château remonte à l'époque des conquérants normands et sera tout au long du Moyen

Le marché de Saint-Pierre-Église se tient devant la statue de l'abbé de Saint-Pierre.

Devant le château de Saint-
Sauveur-le-Vicomte se trouve un
buste de Jules Barbey d'Aurevilly.

Âge une place forte majeure. Il ne subsiste qu'une vaste enceinte polygonale flanquée de huit tours et d'un donjon. Des travaux de restauration ont été exécutés à la suite des dommages causés par les bombardements de juin 1944. L'abbaye bénédictine, fondée au XIIe siècle, souffre énormément des ravages de la guerre de Cent Ans. Elle a été restaurée grâce à l'action déterminée de sainte Marie-Madeleine Postel* au XIXe siècle mais incendiée à la suite des bombardements de 1944, elle a fait l'objet d'une restauration par les monuments historiques.

La chapelle Notre-Dame
des marins à
Saint-Vaast-la-Hougue.

Saint-Vaast-la-Hougue Cette localité porte le nom d'un évêque d'Arras, témoin du baptême de Clovis. Au début de la guerre de Cent Ans, en 1346, Édouard III y débarque, pille les principales localités du Cotentin* et de Normandie, avant de battre l'armée du roi de France à Crécy. Après la défaite de la Hougue* subie par la flotte de l'amiral Tourville* en 1692, Vauban* obtient que l'endroit soit fortifié. Cinq années de travaux sont nécessaires, sous l'autorité de l'ingénieur Benjamin de Combes, pour édifier les deux tours sur la butte de la Hougue et sur l'îlot de Tatihou*. Elles sont désormais classées au patrimoine

La tour de la Hougue continue de veiller sur l'entrée du port.

mondial de l'humanité par l'Unesco. Durant la bataille de Normandie, Saint-Vaast fut le premier port libéré de France, accueillant de petits cargos qui apportaient des produits de première nécessité aux combattants. La chapelle des Marins est le chœur de l'ancienne église paroissiale devenue trop exiguë. Une nouvelle église située en centre-ville a été ouverte au culte en 1861. Troisième port de pêche du département, après Cherbourg* et Granville, Saint-Vaast est réputé également pour ses huîtres* qui sont élevées sur parcs dont une partie se trouve entre le continent et l'île de Tatihou*. Le port de plaisance dispose d'une capacité d'accueil de 750 bateaux. La proximité de la Grande-Bretagne et des îles Anglo-Normandes* en fait une escale appréciée. Un salon du livre de mer et d'aventures qui se tient au pied de la tour de la Hougue et une série de concerts, les Traversées de Tatihou, sont les temps forts de la saison estivale.

Sainte-Marie-du-Mont Sa plage de la Madeleine est entrée dans l'Histoire sous le nom d'Utah Beach* le 6 juin 1944. Située sur le circuit du Débarquement*, la commune dispose de trois musées évoquant l'Occupation, le Débarquement et la Libération.

Vue aérienne du port de débarquement de Sainte-Marie-du-Mont.

Gravure du
XIXe représentant
l'église de Sainte-Marie-
du-Mont.

Un char devant
le musée du
débarquement.

L'église des XIe et XIVe siècles est dédiée à Notre-Dame de l'Assomption. C'est dans ce village que l'écrivain Gilles Perrault* a élu domicile.

Sainte-Mère-Église
Premier village de France à avoir été libéré le 6 juin 1944 à 4 h 30 du matin par les parachutistes américains. *Le Jour le plus long** de Darryl Zanuck a rendu célèbre dans le monde entier le cas du parachutiste John Steele resté suspendu au clocher de l'église. Un mannequin suspendu par son parachute au clocher fait la joie des touristes qui visitent le village. Dans l'église, un vitrail est dédié au Débarquement*. Le musée des troupes aéroportées, Airborne, à ciel ouvert, permet de comprendre comment s'est déroulé et quels ont été les lieux du Débarquement. Dans le village se trouve la borne o du point de départ de la voie de la

Un soldat au repos à l'entrée
du village de Sainte-Mère-Église,
la première commune libérée.

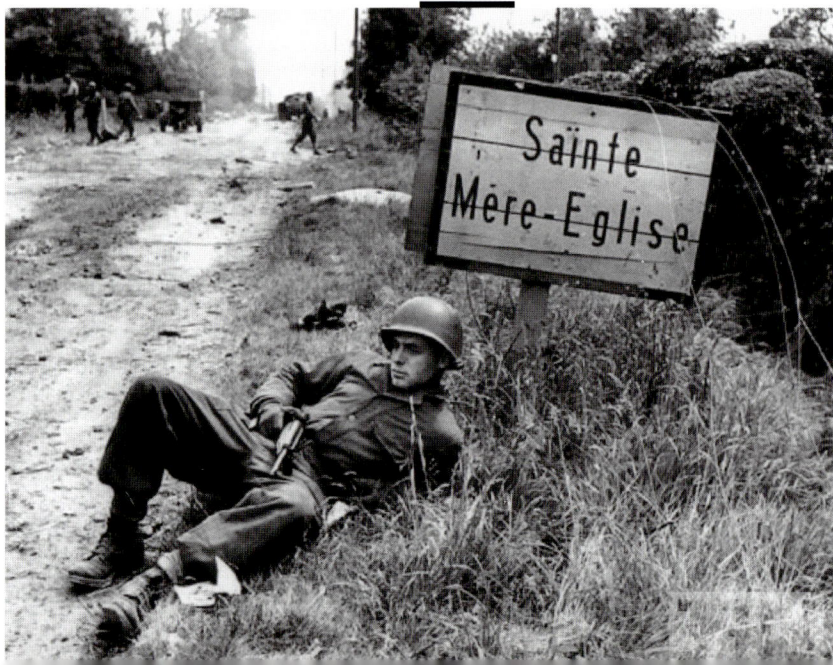

Liberté*. Un peu à l'écart la ferme musée du Cotentin permet de découvrir la vie agricole et les différentes races animales normandes car le village a d'autres atouts que d'être celui du jour J, il s'anime chaque jeudi matin d'une foire aux veaux.

Sainte-Suzanne-en-Bauptois

Ce château du XVIIIe siècle est l'un des rares du Cotentin* en brique pleine. C'est à la famille des Mauconvenant que l'on doit cette construction située au bout d'une longue avenue bordée d'arbres magnifiques. Le château ne comprend qu'un étage. On accède au pavillon central par un escalier à double révolution. Un fronton triangulaire armorié occupe une partie importante de la façade et coiffe les cinq fenêtres centrales.

de sarrasin. Il a été introduit en France par les Normands qui avaient conquis l'Italie du Sud et la Sicile. Semé le 29 juin, le sarrasin était fauché le 8 septembre. Une fois les tiges mises en buhots, il fallait attendre trois semaines avant qu'il ne soit sec.

Saussemesnil C'est l'un des villages de potiers connus dans tout le Cotentin. Du Moyen Âge au début du XXe siècle, les potiers produisaient dans la forêt de Brix* des poteries à usage domestique et des éléments pour la toiture, en particulier des tuiles faîtières. La présence de terre à pots localisée autour de Valognes* a permis le développement de cette activité et une homogénéité dans la production. Ces poteries, illustrations des arts populaires, sont aujourd'hui recherchées par

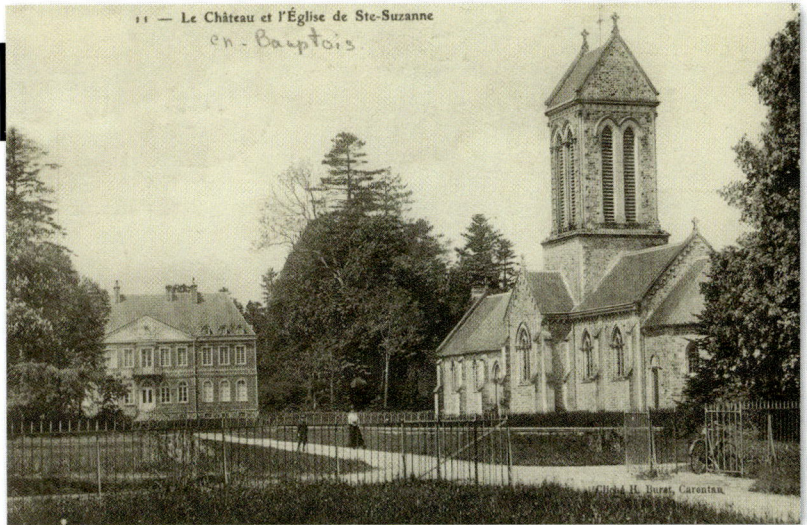

Le château et l'église de Sainte-Suzanne-en-Bauptois.

Sarrasin Malgré son appellation courante de blé noir, le sarrasin n'est pas une graminée mais une plante à fleurs annuelles de la famille des polygonacées, *fagopyrum esculentum*. Il ne contient donc pas de gluten. Très riche en minéraux et en vitamines, en magnésium et en calcium, le sarrasin était cultivé dans toutes les fermes car sa farine servait à préparer un mets traditionnel : la galette

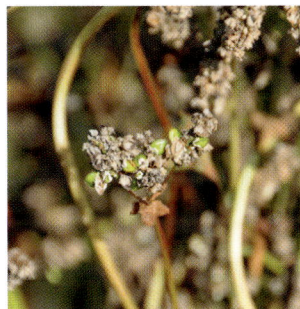

Fleur de sarrasin prête à être récoltée.

les collectionneurs. L'église Saint-Grégoire dédiée à Grégoire Iᵉʳ remonte au XIᵉ siècle, elle a conservé son plan en croix latine et des chapiteaux romans, mais a été agrandie aux XIVᵉ et XVᵉ siècles. Son clocher en bâtière, avec un toit à deux pentes, est orné d'un cadran solaire. Elle a été restaurée à la suite des dégâts de la Seconde Guerre mondiale.

Sauticot Nom local pour désigner la crevette grise qui est pêchée avec une bichette à corne ou haveneau.

Schmitt (René) 1907-1968 Socialiste convaincu, ce professeur d'allemand d'origine alsacienne au lycée Victor-Grignard de Cherbourg* a été résistant au sein du réseau Libération-Nord. Maire de Cherbourg de 1944 à 1947 et de 1954 à 1959, il a également été député de 1945 à 1955 et de 1958 à 1962 et conseiller général de 1958 à 1964.

René Schmitt serre la main d'un vétéran du D Day.

Page de droite. Le phare de Sénéquet, est un phare en pleine mer.

Sénéquet Ce phare en mer a été construit à partir de 1857, à trois milles au large de Gouville-sur-Mer, pour faciliter la navigation dans le dangereux passage de la Déroute.

Séranne Ce récipient est fabriqué par les potiers du Cotentin pour y déposer le lait et laisser monter la crème avant de la recueillir puis de la baratter.

Signac (Paul) 1863-1935 Nommé peintre de la Marine en 1915, féru de plaisance, inventeur du pointillisme, il viendra pendant quatre étés à Barfleur*. Il appréciait la contrée et a laissé plusieurs toiles sur la région, comme ce tableau du *Phare de Gatteville*, que l'on peut admirer au musée Thomas-Henry de Cherbourg*.

Siouville-Hague Commune du canton des Pieux* qui s'est développée à la faveur des grands chantiers de la région, c'est aussi une station balnéaire familiale qui s'ouvre sur l'anse de Vauville* et le nez de Jobourg* par une magnifique plage longue de dix kilomètres. L'endroit a été le lieu d'une originale conversion au protestantisme* au XIXᵉ siècle.

Sorcellerie Le mont Étenclin, dont on dit qu'il était un lieu de sorcellerie, culmine à 121 mètres sur la commune de Varenguebec*. En 1670, Jacques Noël, un habitant du village, reconnaît être allé au sabbat. Interrogé par le bailli de La Haye-du-Puits*, il dénonce Charles Godefroy, fils de sorcier et sorcier lui-même, et bien d'autres complices. Une

TAINVILLE
~~aare~~ de Sénéquet

flammes des bûchers. En 1670, Louis XIV commue en bannissement la condamnation à mort prise par le parlement de Rouen des sorciers de La Haye-du-Puits. L'écrivain Louis Costel* s'est inspiré de cet épisode pour son roman *Car ils croyaient brûler le diable en Normandie*. Se plongeant au cœur du XVIIe siècle, il avait cependant bien connu des cas d'envoûtements, ayant assuré la fonction d'exorciste à l'évêché de Coutances*.

Sorel (Georges) 1847-1922 Georges Sorel est né à Cherbourg* d'un père négociant et d'une mère fille du maire de Barfleur*. Après ses études secondaires, il entre à l'École polytechnique, puis au corps des Ponts et Chaussées. En 1892, à l'âge de quarante-cinq ans, il démissionne pour se consacrer à la pensée politique et à la sociologie. Il publie en 1908 son ouvrage de référence *Réflexions sur la violence*. Marxiste, il suit avec beaucoup d'intérêt la révolution russe et salue l'action de Lénine.

Sotteville Commune du canton des Pieux*, Sotteville, le village de *Sotti*, porte le nom d'une personne venue du nord. Le clocher de l'église construit en 1763 laisse apparaître de nombreuses dalles à croix nimbées* en partie basse. Sur le territoire de cette commune se trouve le prieuré Saint-Michel d'Étoublon. L'ancienne chapelle avait été donnée en 1210 par Geoffroy de Preste-ville, seigneur de Vasteville, à l'abbaye de Blanchelande* pour y construire un prieuré. Deux foires se tenaient à Étoublon, l'une le 29 septembre à l'occasion de la grande Saint-Michel, accordée par Charles le Bel en 1324, l'autre à la petite Saint-Michel, le 16 octobre. Construit au XVIe siècle par Jean Durevie, bourgeois de Valognes*, le château a appartenu de 1700 à 1923 à la famille de Beaudrap. Il a été ensuite propriété de l'industriel laitier Marcel Grillard* ainsi que les cinq fermes

enquête est lancée dans les paroisses environ-nantes afin de recueillir des renseignements. Beaucoup accusent leurs voisins, de peur d'être interrogés à leur tour. Les dénoncia-tions se multiplient. Plus de cent personnes sont emprisonnées et soumises à la ques-tion. Une première charrette de coupables est conduite à Carentan* le 25 avril 1670. D'autres suivront avec des interrogatoires qui relèvent plus du supplice. Condamnation à mort puis appel auprès du Parlement qui confirme la sentence. Parmi les condamnés figuraient les curés de Coigny* et de Saint-Symphorien. 32 coupables furent livrés aux

2. SOTTEVILLE (Manche) — Le Château (façade ouest)

Classé monument historique,
le château de Sotteville
est une propriété privée.

qui y étaient rattachées. L'ensemble couvrait 118 hectares. La cour d'honneur laisse découvrir un édifice imposant à deux étages, coiffé de toits pentus que bordent des lucarnes simples ou doubles. À l'arrière un plan d'eau offre un miroir tant à l'aile nouvelle qu'au vieux pavillon couvert de schiste. C'est dans ce château que le général Rommel* a dormi la veille de la prise de Cherbourg* par les Allemands en 1940.

Sous-marins Depuis 1898, l'arsenal de Cherbourg* est spécialisé dans la construction et la mise au point de sous-marins. Le premier submersible à grand rayon d'action du monde, *Le Narval*, construit à l'arsenal, est lancé le 21 octobre 1899. Ce sous-marin de 200 tonnes sera suivi de nombreux exemplaires aux caractéristiques sans cesse améliorées. Viennent la série des *Pluviose* dont 18 exemplaires sont construits à Cherbourg entre 1907 et 1912, puis les *Brumaire*, des sous-marins de 500 tonnes. Ces mises en chantier représentent un gros effort de l'État et assurent une activité soutenue à l'arsenal dont les effectifs atteignent alors 4 000 personnes.

Le 31 décembre 1926, la direction de l'arsenal reçoit confidentiellement la commande d'un sous-marin qui ne porte pas de nom, seulement un code : Q5. Le lancement intervient tout aussi discrètement le 18 novembre 1929. Connu plus tard sous le nom de *Surcouf*, ce bâtiment est à l'époque ce qui se fait de plus moderne : 3 300 tonnes en surface, 4 300 en plongée ; ses deux pièces de 203 mm disposent de 600 obus de 120 kilos ; un poste de télémétrie affine le tir jusqu'à douze kilomètres ; quatre tubes lance-torpilles et, derrière le kiosque, un hangar étanche pour y rentrer un hydravion à ailes repliables.

Le 29 mars 1967, le général de Gaulle vient à Cherbourg pour assister au lancement

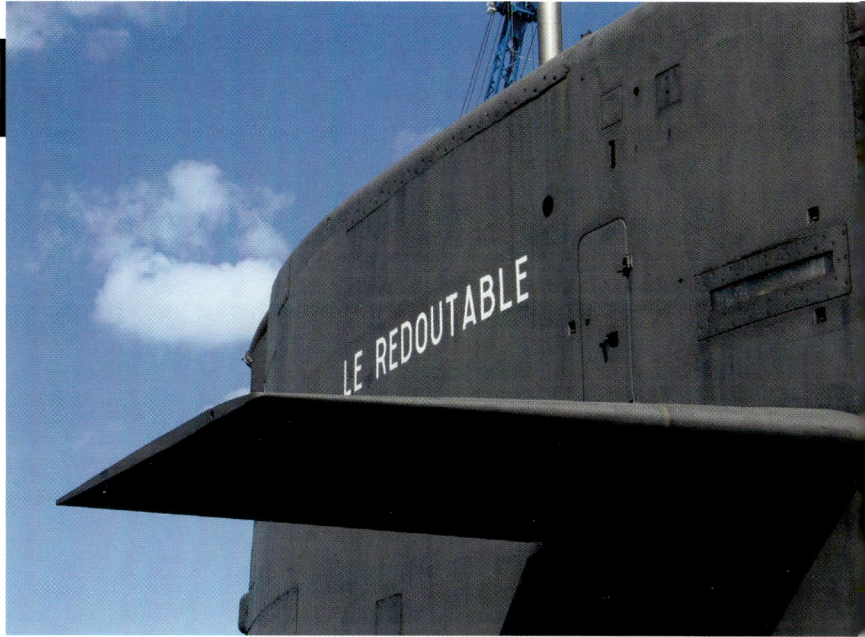

Kiosque du sous-marin
Le Redoutable.

du premier sous-marin nucléaire français construit sur place, le *Redoutable*. C'est un véritable défi technique et politique dans lequel s'est engagé le président de la République et derrière lui les 5 000 ouvriers de l'arsenal. Près de 10 000 personnes seront présentes. Soixante-seizième sous-marin construit par l'arsenal de Cherbourg, c'est aussi le plus imposant par ses caractéristiques techniques : 130 mètres de long, 10 mètres 60 de large, 9 000 tonnes de déplacement en plongée, il est doté de seize tubes verticaux pour lancer des missiles et de quatre tubes lance-torpilles à tête chercheuse. Son équipage comprend 135 personnes. Il est aujourd'hui exposé à la Cité de la mer à Cherbourg*. Le dernier sous-marin SNLE construit par la DCNS en 2010 est le *Terrible*, six sous-marins *Barracuda* sont prévus de 2012 à 2022.

Stations de sauvetage

Placé au cœur d'une zone connaissant un grand trafic maritime, présentant par ailleurs des difficultés de navigation sérieuses, le Cotentin a accueilli la première station de sauvetage de France à Barfleur* en avril 1865. L'ensemble du littoral, de Barfleur à Blainville, sera donc équipé en quelques années de canots à avirons, montés par les pêcheurs du pays afin d'intervenir rapidement. Déjà en 1833 l'arsenal de Cherbourg avait construit, à la demande de la société Humaine de Boulogne, un canot de sauvetage sur plans anglais.

Carte d'un canotier
de Goury.

Le dispositif des stations de sauvetage n'échappera pas aux dégâts causés volontairement par l'occupant et par les combats de juin et juillet 1944. La mise en service du canot *Victoire des Alliés* à Goury* dès 1946 marquera la renaissance de nombreuses stations. La diminution très sensible des marins-pêcheurs conduit dans un premier temps à la mise en sommeil de nombreuses stations comme Fermanville* ou Diélette avant qu'elles ne renaissent pour répondre aux besoins des plaisanciers. En 1968 la création de la SNSM, Société nationale des sauveteurs en mer, marque une évolution certaine dans les moyens d'intervention. Aux grands canots tels que celui de Goury a succédé une nouvelle génération de canots tous temps, à l'image de celui de Barfleur. Goury figure parmi les stations les plus remarquables du littoral, avec son abri de forme octogonale, son toit couvert en pierres bleues, ses deux cales de lancement.

Super Ce verbe signifie boire en aspirant, par exemple « super un œuf » ou un petit verre d'alcool quand il est trop plein. Il vient du scandinave *supa*, boire, laper.

Surcouf (Robert) 1773-1827 Si le célèbre corsaire*, né à Saint-Malo, est breton, ses origines sont cotentinoises puisque son ancêtre Marin Surcouf est né à Sortosville-en-Beaumont en 1609. Sa famille s'établit en Bretagne en 1645. Le nom Surcouf vient du scandinave *Svarthofud* qui signifie Tête noire et Sortosville était le domaine de Svarthofud.

des chevaux, les paysans en ramassaient de grosses quantités qu'ils épandaient dans leurs champs. Principalement extraite dans le havre de Lessay*, à l'embouchure de la Sienne et également dans la Baie des Veys*, elle était ensuite chargée sur des gabares* qui remontaient la Vire. Son emploi est tombé en désuétude avec l'usage des engrais chimiques.

Tatihou (île de) À un kilomètre au large de Saint-Vaast-la-Hougue*, cette île basse de 26 hectares est coiffée par une tour majestueuse que l'on doit à un élève de Vauban, Benjamin de Combes. Elle fut édifiée en 1692 à la suite de la défaite de la Hougue subie par Tourville*. Haute de 18 mètres pour un diamètre de 21 mètres, elle offre un panorama magnifique sur la rade de Saint-Vaast qu'elle avait pour but de protéger. En 1720 un lazaret a été construit pour héberger les marins mis en quarantaine après une longue navigation. À l'abri de ses murs, des jardins ont été aménagés : le jardin des découvertes, le jardin maritime et le jardin des milieux. Des plantes méditerranéennes et exotiques coexistent avec des plantes caractéristiques de la flore de la Manche atlantique. L'île aujourd'hui propriété du Conservatoire du littoral a trois hectares placés en réserve ornithologique. Cormorans, sternes, bernaches, pipits maritimes, sont autant d'hôtes des lieux à observer au fil des saisons. Depuis 1992 un musée maritime relate la fameuse bataille de la Hougue* et valorise le patrimoine maritime normand. L'accès à l'île est possible à pied à marée basse de la plage voisine du port de plaisance. À marée haute, un petit bateau la relie en 5 minutes au port de Saint-Vaast-la-Hougue.

Tamerville Au milieu d'un grand parc, le château de Chiffrevast a succédé à une forteresse bâtie au XIIIe siècle. Construit en 1620, cet édifice de style Louis XIII se compose d'un logis principal encadré par deux ailes, au cœur d'un beau parc à la française ouvert au public. L'église du village, du XIIe siècle, est également remarquable ; elle est dédiée à Notre-Dame de l'Assomption et coiffée d'un clocher octogonal.

Tangue Cette vase de mer composée d'alluvions et de déchets organiques marins servait à fertiliser les sols pauvres du bord de mer mais également de l'intérieur depuis le XIIe siècle. Avec des bannes à tangue* tirées par

La tour de l'île de Tatihou, avait
pour fonction de protéger le port
de Saint-Vaast-la-Hougue.

TEURTHEVILLE-HAGUE — La Laiterie

Edition Guillot

La laiterie Eleska
à Teurthéville-Hague.

Taupette C'est le nom couramment utilisé pour désigner une petite bouteille en verre, ou en terre, contenant une ration individuelle d'eau-de-vie.

Teurthéville-Hague La société Eleska implanta une laiterie sur la commune, qui produisait une boisson chocolatée, pour laquelle Sacha Guitry lança le slogan : « Eleska, c'est exquis ». L'église du XVᵉ siècle abrite une Vierge à l'Enfant de la même époque.

Tierrée Ce mot indique la quantité d'herbe mangée par une vache au cours d'une journée quand elle est mise « à la tierre », c'est-à-dire attachée à un piquet autour duquel elle peut tourner pour brouter.

Titanic Le 10 avril 1912, le paquebot *Titanic*, de la White Star Line, fait escale en rade de Cherbourg* pendant quelques heures. C'est la seule escale en Europe continentale du plus grand paquebot du monde dont la mise en service a donné lieu à une campagne de promotion sans précédent. En fin d'après-midi, le *Titanic* quitte la grande rade en direction de l'Irlande, il fera naufrage dans la nuit du 14 au 15 avril alors qu'il ralliait New York.

Tocqueville (Alexis Clérel de) 1805-1859

D'un voyage effectué aux États-Unis en 1831, Alexis de Tocqueville, né à Paris en 1805, rapporta la matière de son célèbre ouvrage : *De la démocratie en Amérique*, qui lui valut de siéger, très jeune, d'abord à l'Académie des sciences morales et politiques puis d'entrer à l'Académie française. Issu d'une famille de la noblesse normande, il est élu député de Valognes* de 1839 à 1851. Il se retire de la vie politique après le coup d'État de Napoléon III le 2 décembre 1851. Il meurt de la tuberculose à Cannes où il était soigné. Il est enterré à Tocqueville.

Tocqueville (château de)

Construit au XVIe siècle, le bâtiment a été largement transformé et agrandi par ses propriétaires successifs. Lorsqu'ils en héritent, Alexis de Tocqueville et son épouse consacrent beaucoup d'argent à sa rénovation et à l'aménagement de son parc à l'anglaise. Ils y séjournent souvent, recevant leurs amis. L'écrivain y a rédigé ses *Souvenirs*. C'est une propriété privée.

Todt

Ce groupe de génie civil et militaire porte le nom de son fondateur et dirigeant Fritz Todt. Chargé de la construction des défenses allemandes et en particulier du mur de l'Atlantique*, il y employait des travailleurs forcés dans le cadre du STO.

Le château de Tocqueville était un séjour apprécié d'Alexis de Tocqueville, son propriétaire.

Soldats américains et patriotes enlevant le panneau de l'organisation Todt à Cherbourg.

Lorsque les défenses côtières furent renforcées à partir de 1942, deux directions régionales prirent place en Normandie, à Rouen et à Cherbourg*. La place de Cherbourg est considérablement fortifiée, à l'extrémité est, à la hauteur de Fermanville*, puisque l'ouvrage Osteck dispose de cinquante blockhaus. Autour du bunker de commandement s'organisent plusieurs batteries, un poste d'observation tourné vers Cherbourg, des abris reliés entre eux par des souterrains et un hôpital de campagne.

Tollevast Dans cette commune avait été construit un ermitage dès le VIIe siècle, dédié à saint Acaire. Par la suite, le seigneur du lieu, descendant d'un Viking du nom de Tollir, a donné son nom à l'endroit. L'église Saint-Martin, de style roman, date de la fin du XIe siècle. Abîmée durant les combats de

L'église romane
de Tollevast.

la Libération, elle a été restaurée et figure parmi les plus emblématiques du nord Cotentin*. Elle abrite de belles statues classées.

Tourlaville Ce château de style Renaissance a été édifié, entre 1562 et 1575, par Jean de Ravalet, père des infortunés Marguerite et Julien. Le parc à l'anglaise a été aménagé par René de Tocqueville, neveu d'Alexis et maire de la commune dans les années 1870. Il l'agrémenta de deux pièces d'eau et d'une serre à rotonde. La ville de Cherbourg* s'en porta acquéreur en 1935. Le château occupé par les Allemands puis par les Américains pendant la Seconde Guerre mondiale a été restauré, son parc est aujourd'hui ouvert au public.

Tourville (Anne Hilarion de Costentin de) 1642-1701 Comme son nom l'indique et bien qu'il soit né à Paris, Tourville appartient à une vieille famille du Cotentin*.

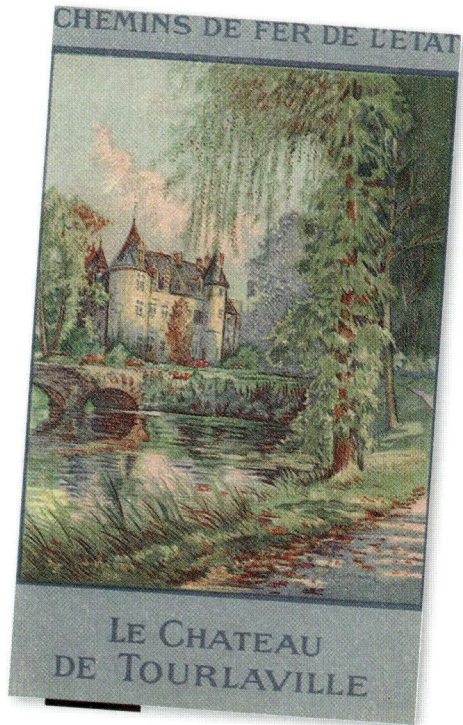

CHEMINS DE FER DE L'ETAT

LE CHATEAU
DE TOURLAVILLE

Ce château de style Renaissance cotentinaise mais surélevé au XIXe siècle a perdu ses douves au profit d'un parc à l'anglaise.

Il sert comme chevalier de Malte et combat les Turcs et les Barbaresques en Méditerranée, puis effectue une brillante carrière dans la Marine. Vainqueur de nombreuses batailles navales au cours des guerres menées par Louis XIV, il vengea sa défaite à la bataille de la Hougue* en prenant le convoi de Smyrne à la bataille de Lagos en 1693. Fait maréchal de France, il se retire à la fin de la guerre de la Ligue d'Augsbourg (1697) et meurt à Paris.

Trappe de Bricquebec Cette abbaye cistercienne, toujours en activité, a été fondée en 1823 par Dom Augustin Onffroy, un prêtre du diocèse qui voulait se consacrer à la vie monastique. Le monastère a été bâti par les moines sur un terrain considéré comme inculte et marécageux. Ils créèrent une exploitation agricole et ont longtemps été célèbres pour leur fromage, la trappe de Bricquebec.

Réclame pour
le fromage de la trappe
de Bricquebec,
dans *Le Courrier
du Havre* en 1892.

La communauté, respectueuse de la règle du silence, compte 18 moines.

Tréauville Cette petite commune du canton des Pieux* devrait figurer au répertoire des plus beaux villages de France. Installée de part et d'autre de la Diélette, elle présente de nombreux moulins et de jolis manoirs dont celui de Métot qui inspira le peintre Jean-François Millet*. Au large du port de Diélette, le *Renard*, le cotre armé par Robert Surcouf*, livra son dernier combat naval à la goélette anglaise *Alphae* le 12 septembre 1813. Cependant le capitaine Leroux-Desrochette et plusieurs hommes d'équipage perdirent la vie dans l'accrochage et furent inhumés dans le cimetière de Tréauville.

Triolette Cette servante de ferme est chargée principalement de traire les vaches et d'aider la fermière à la fabrication du beurre.

Trot C'est à Cherbourg* que furent organisées le 25 septembre 1836 les premières courses de trot en France, à l'initiative d'Ephrem Houël, un administrateur des haras nationaux. Depuis, le trot passionne un large public et la réputation des éleveurs du Cotentin*, à l'image de la famille Lévesque*, n'est plus à démontrer.

Unesco Dans le cadre du classement au patrimoine mondial de l'humanité le 7 juillet 2008 de douze sites majeurs édifiés par Vauban, le Cotentin* a vu deux de ses sites honorés : les forts côtiers de la Hougue et de Tatihou*.

Urville-Nacqueville Née de la fusion de deux communes, c'est la première station balnéaire à l'ouest de Cherbourg*, appréciée pour ses belles plages. Le manoir de Dur-Écu, édifié sur un site habité à l'époque gallo-romaine, a été entièrement reconstruit

194

Le Cotentin compte
de nombreux manoirs
comme celui-ci sur la
route de Diélette.

au XVIe siècle. Il était typiquement un manoir agricole composé de plusieurs bâtiments dont trois moulins et un pigeonnier. Bombardé en 1944, il a été patiemment restauré. Appelé château de Fourneville, la construction du château de Nacqueville débuta en 1510 mais il fut sans cesse transformé par ses propriétaires successifs. Caractéristique des beaux manoirs du Cotentin*, il fut la propriété d'Hippolyte de Tocqueville qui y créa son parc à l'anglaise en 1830. Dans ce cadre superbe a été tourné en juillet 1922 un grand film du cinéma muet, *La Dame de Monsoreau* du réalisateur René Le Somptier, d'après le roman d'Alexandre Dumas.

C'est Hyppolite de Tocqueville,
frère du philosophe, qui, propriétaire
du château de Nacqueville, le dota
d'un parc à l'anglaise.

Utah Beach C'est la 4ᵉ division d'infanterie US qui débarqua sur la plage de la Madeleine, rebaptisée pour l'occasion Utah Beach, sur la commune de Sainte-Marie-du-Mont*, le 6 juin 1944 à l'aube. Elle était le plus à l'ouest des zones du Débarquement* qui en comptait cinq et la seule sur la côte du Cotentin*. Malgré une météo défavorable, le commandement allié déclencha l'opération Overlord qui allait mener à la libération de l'ensemble de l'Europe. Jusqu'au 1ᵉʳ novembre 1944, 836 000 soldats américains, soit le quart des troupes débarquées, passèrent par cette immense plage où les barges venaient *beacher*. 200 000 véhicules de tous types et 700 000 tonnes de ravitaillement y transitèrent. L'un des blockhaus allemands a été aménagé en crypte du souvenir et à proximité un monument a été érigé à la mémoire de la 4ᵉ division. Un autre blockhaus présente les événements du Débarquement.

6 juin 1945, cérémonie d'inauguration du monument dédié aux soldats de la 1ˢᵗ Engineer special brigade qui débarquèrent à Utah Beach.

La vache du Cotentin est renommée pour ses qualités laitières.

La servante de ferme dédiée à la traite des vaches est une triolette.

198

Vache Pas de Normandie sans vaches en train de brouter et le Cotentin* ne fait pas exception : il y a en densité au kilomètre carré plus de vaches que d'humains. La Normande est d'ailleurs une race bovine qui produit une viande de qualité et dont le lait est particulièrement adapté à la transformation fromagère. Sa robe est tricolore bringée noire, c'est une race mixte issue de la fusion de trois races locales dont la Cotentine. Durant la seconde moitié du XIXe siècle, de nombreux paysans du Cotentin* ont décidé de coucher en herbe leurs terres qui produisaient, au prix d'un gros travail, des céréales

de qualité médiocre. En l'espace de cinquante ans, les deux tiers des labours disparaissent. Et le Cotentin est devenu vert. Les herbagers, ces spécialistes de l'élevage des vaches laitières, constituent une aristocratie paysanne établie depuis plusieurs générations.

Vaisselier C'est encore un meuble bien spécifique à la presqu'île du Cotentin*. Sur le plateau situé à la base, la fermière rangeait les kannes à lait et les cuvelles pour faire monter la crème. Au-dessus une tablette en saillie recevait les grands plats et les pichets. Puis venaient les étagères à balustre pour ranger les assiettes. Une de ces étagères était entaillée d'encoches, les hoques, pour ranger les cuillères en laiton. Le garde-manger, avec deux portes en métal percé de motifs décoratifs, dominait l'ensemble.

Valcanville Petite commune du canton de Quettehou*, Valcanville est traversée par la Saire. Elle conserve les ruines d'une comman-

L'église de Valcanville.

Vaisselier avec un imposant service
de table et des kannes à lait.

derie des Templiers construite au XIe siècle à la demande d'Henri Ier Beauclerc, fils de Guillaume le Conquérant. Sur ordre de Philippe le Bel en 1307, l'ordre des Templiers fut démembré et la commanderie de Valcanville passa aux mains des hospitaliers de Jérusalem qui y restèrent pendant quatre siècles. Le logis a été modifié aux XVe et XVIIIe siècles.

Val de Saire

Le Val de Saire s'étend sur l'extrémité nord-est de la presqu'île du Cotentin*. Son paysage doux et verdoyant s'ouvre sur la mer par un littoral sablonneux. Il y existe un équilibre harmonieux entre la campagne et la mer qui constituent les deux pôles d'activité. La terre du bocage* est plantureuse tandis que la plaine littorale s'adonne à la culture maraîchère. La pêche est fort active : moules, huîtres, coquilles Saint-Jacques, font la réputation des ports de Barfleur* et de Saint-Vaast-la-Hougue*. Le patrimoine bâti est à l'image de cette authenticité : églises, manoirs, villages fleuris, ports, offrent autant d'étapes au visiteur séduit.

L'embouchure de
la Saire à Réville.

Valognes Chef-lieu d'arrondissement rayonnant sur 7 cantons et 119 communes, le Versailles normand du XVIIIe siècle est à la croisée des routes entre le Cotentin* des terres et celui de la mer. Terriblement marquée par les combats de la Libération, cette petite ville conserve encore de jolis monuments et des musées qui présentent son riche patrimoine.

Village gaulois puis cité gallo-romaine, Valognes est de fondation ancienne comme en témoignent les thermes romains d'Alauna. Ravagée par les invasions normandes, elle renaît et abrite derrière son château l'enfance de Guillaume le Conquérant. Elle entre dans le domaine royal en 1204 et pendant la guerre de Cent Ans elle subit de nouvelles destructions qui ne touchent cependant pas son château. Au XVIe siècle, l'activité économique est florissante, malgré les guerres de Religion, et les premiers hôtels particuliers font leur apparition. Le château fort est démoli à la fin du XVIIe et la ville prend des allures de petite capitale, siège de l'administration royale, centre religieux et culturel. Ses rues se transforment et elle prend le surnom de « Versailles

Les ruines des thermes d'Alaune, vestiges de la ville gallo-romaine.

normand. » Le symbole de ce Valognes aristocratique est l'hôtel de Beaumont, petite merveille architecturale tant pour la décoration de sa façade que pour l'audace technique de son escalier à double révolution. Cet édifice présente un remarquable jeu de courbes et de contre-courbes de son avant-corps Régence. La partie gauche du bâtiment est du XVIIe siècle tandis que la droite est du XVIIIe. Pierre Jallot, comte de Beaumont-Hague*, lança d'importants travaux confiés à l'architecte Raphaël Lozon. De part et d'autre, des modifications ont été apportées aux fenêtres pour qu'il y ait une harmonisation entre les deux styles. Côté cour s'étendent de beaux jardins à la française.

L'église Saint-Malo partiellement détruite pendant la guerre a été dotée d'un clocher moderne.

Cependant le déclin s'amorce après la révocation de l'édit de Nantes qui chasse hors du Cotentin* les entrepreneurs protestants, la révolution industrielle qui ignore cette région artisanale et la Révolution française qui met un terme aux fastes de l'aristocratie. Sous l'Empire, Valognes connaîtra un certain regain avec la création d'une éphémère fabrique de porcelaines. Au XIXe siècle, l'arrivée du chemin de fer dynamise le commerce des produits agricoles, particulièrement celui du beurre.

Le musée du Cidre a été installé dans la maison du Grand-Quartier, une caserne royale du XVIIIe siècle installée dans la maison d'un artisan teinturier, à l'aplomb de la rivière. Ses fenêtres à meneaux, son escalier à vis et ses hautes cheminées témoignent de la prospérité des artisans à la Renaissance. Le musée de l'Eau-de-vie et des Vieux Métiers se trouve dans le bel hôtel de Thieuville du XVIIIe siècle. L'hôtel de Grandval-Caligny de la même époque a été édifié pour Adrien Morel de Courcy, il se développe en « H » entre une

cour d'honneur et des jardins à la française. Jules Barbey d'Aurevilly* y loua un appartement et y écrivit Les Diaboliques. L'église Saint-Malo a été détruite pendant les bombardements de 1944, seul le chœur du XVe siècle a été restauré, la nef est entièrement contemporaine. L'ancienne abbaye royale Notre-Dame-de-Protection abrite, depuis la Révolution, l'hôpital de la ville. L'église Notre-Dame d'Alleaume entourée de son cimetière présente des éléments d'architecture du XIe et du XVe siècle.

Personnalités : Félix Vicq d'Azyr, médecin (1748-1794) ; Edelstand Duméril, auteur d'un dictionnaire du patois normand (1801-1871) ; Barbey d'Aurevilly*, écrivain (1808-1889) ; Émile-Louis Burnouf, directeur de l'École d'Athènes (1821-1907) ; Léopold Delisle*, historien (1826-1910) ; Charles Canivet, écrivain (1839-1911) ; Félix Buhot*, peintre (1847-1898) ; Gustave Lerouge*, écrivain (1867-1938).

Vaquelotte C'est un bateau traditionnel utilisé pour la pêche côtière dans la Hague* et le Val de Saire*.

Varech Le mot varech vient du scandinave. Son sens premier est épave, mais il a évolué vers les plantes marines qui sont jetées à la côte par les tempêtes et les courants. La population distingue le varech d'épave, appelé parfois plise, et le varech de coupe. L'emploi du varech pour amender les terres agricoles est une tradition très ancienne dans la région. Une ordonnance de Colbert datant d'août 1681 institue les jours où commence et où finit le ramassage du varech. Cette disposition était réservée aux communes s'ouvrant sur la mer en contrepartie des dommages que les riverains pouvaient subir lors d'attaques ennemies. À marée basse les riverains récoltaient

La récolte du varech, ici sur la plage de Sciotot, mobilisait les cultivateurs pour amender leurs terres.

le varech avec un fauchet, petite faucille peu recourbée, puis ils le chargeaient à bord de petites embarcations, ou de banneaux tirés par plusieurs chevaux. Aujourd'hui le varech n'est plus chargé sur des tombereaux mais sur des remorques que tirent des tracteurs. Si le varech était utilisé comme engrais naturel fort apprécié, certains le brûlaient dans des fours creusés dans la dune pour en extraire la soude employée dans l'industrie du verre et dans certaines industries chimiques.

Varenguebec Cette commune du parc des marais du Cotentin* et du Bessin située dans le canton de La Haye-du-Puits* est traversée par la Douve. Le mont Étenclin en est le point culminant et de ce point de vue remarquable se découvre l'étendue des marais de Gorges. La première église fut construite en 1126 ; l'actuelle, qui date de 1420, a subi de nombreuses transformations au XVIIIe siècle. Le manoir des Flories, du XVIe siècle, appartenait à la famille Leconte, elle-même anoblie en 1543. De cette époque, il conserve une belle tour à pans coupés où l'on remarque des arquebusières dans la partie basse et une minuscule chapelle pleine de charme. Par la

Le manoir de Varenguebec
et sa jolie tour à pans coupés
du XVIe siècle.

suite le manoir a été agrandi avec un avant-corps central du XVIIIe dans un style inspiré de la période classique avec ses pilastres et ses chapiteaux ioniques. Le manoir des Flories a été l'un des lieux de tournage en 1980 d'un téléfilm adapté de *L'Ensorcelée* de Barbey d'Aurevilly* par le metteur en scène Jean Prat pour Antenne 2.

Vauban (Sébastien Le Prestre, marquis de) 1633-1707

Sébastien Le Prestre, marquis de Vauban, né à Saint-Léger-de-Foucheret, près d'Autun dans la Nièvre, reste, à côté de Colbert, l'un des grands ministres de Louis XIV. Ingénieur ordinaire du roi, il commence alors une carrière qui le conduira au poste de commissaire général des fortifications de France puis à la dignité de maréchal de France. Homme de guerre au caractère affirmé, il a voulu protéger le royaume par une ceinture de citadelles. En complément des nombreuses fortifications édifiées sur les frontières de l'est et du nord, Vauban cherche à protéger également les zones littorales. Il envisage de créer, du Tréport à Ouessant, des tours qui serviront de poste d'observation et

de défense. Dès 1686, Vauban, à la demande du roi, vient inspecter les côtes normandes. Il préconise la modernisation des places maritimes que sont Cherbourg* et Granville et la fortification des côtes de la Hougue. La position stratégique de la presqu'île du Cotentin* ne lui échappe pas et le risque d'un débarquement anglais constitue une préoccupation. Il précise dans une note : « Le roi sait mieux que quiconque que la Hougue et toute cette presqu'île est la partie la plus faible de son état, celle par où il est le plus aisé de pénétrer. L'Angleterre n'est qu'à vingt lieues. »

Il ne revient sur le littoral de la Manche qu'en 1694, inspecte Brest, Saint-Malo et s'arrête à Carentan* avant de regagner Paris. Ses suggestions sont entendues et l'on décide de construire deux tours destinées à protéger la rade de la Hougue, désormais classées au patrimoine mondial de l'Unesco. Les travaux débutent le 11 juin 1694 et Vauban effectuera une dernière visite dans le Cotentin en octobre 1699.

Vauville Le bourg, magnifiquement entretenu, conserve beaucoup de cachet. Du château originel où la tradition veut que le bienheureux Thomas Hélye* ait rendu l'âme le 19 octobre 1257 dans la porterie, il ne reste rien. Le manoir fut reconstruit par le frère du maréchal de Tourville*, François-César de Costentin de Tourville, marié en 1663 avec Jeanne Le Sauvage, dame de Vauville. Quant à la porterie, elle fut détruite en 1837 par Polydor Le Marois, propriétaire du château et fils du général, héros des guerres de l'Empire. Le jardin botanique du château de Vauville, créé en 1947 par Éric et Nicole Pellerin, s'est étendu au fil des années sur quatre hectares pour y abriter plus de 500 espèces venues de l'hémisphère austral. La douceur du climat, l'influence bienfaisante du Gulf Stream et des brise-vent, ont permis à ces plantes venues d'ailleurs de s'installer, de s'y trouver bien et d'y prospérer. Le site de la mare de Vauville, protégé depuis 1983, s'étend sur soixante hectares. Cette grande mare d'eau douce longue d'environ un kilomètre est apparue il y a dix mille ans. Elle se remplit d'eau de pluie pendant l'hiver et voit son niveau monter d'environ deux mètres avant de subir l'évaporation pendant l'été. Un cordon de dunes l'isole de la mer.

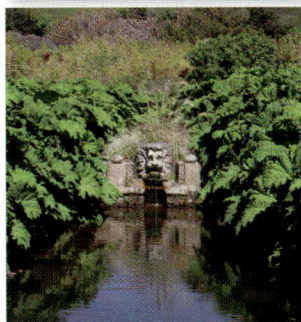

En haut : l'église de Vauville, du XIIe siècle.

En bas : le jardin botanique a été aménagé dans le parc du château.

Le prieuré de Saint-Hernel à Vauville dispose d'une exceptionnelle vue sur mer.

L'endroit renferme des trésors de faune et de flore, insectes rares, amphibiens et plantes, telles la fougère Azzola, la camomille romaine ou la véronique en épi qui habituellement ne se trouvent pas au nord de la Loire. Isolé sur un terrain privé, le fort de Vauville a été construit pendant la guerre de Sept Ans (1756-1763) afin de protéger l'anse. Il se présente sous la forme d'un bâtiment demi-circulaire et était doté de deux bouches à feu. Il comprend également un corps de garde permettant de loger huit hommes. C'est le seul qui subsiste sur les six construits sur les côtes du Cotentin. Celui de Sciotot, par exemple, a été victime de l'érosion maritime et de fortes tempêtes qui l'ont fait disparaître.

Vauville (centre de vol à voile de)

L'aventure du vol à voile commence à Vauville en 1923 par la découverte du site par Alexis Maneyrol (1891-1923), un jeune pionnier du vol à voile. Le lieu est idéal pour la pratique de cette activité : une pente très marquée et une exposition au vent dominant, d'ouest, sud-ouest. Depuis 1925, la Fédération française de vol à voile a aménagé à Vauville un centre permanent qui a pris le nom du découvreur, décédé lors d'un meeting aérien en Angleterre.

Le sous-marin *Vendémiaire* se préparant à quitter le port de Cherbourg.

Vedettes de Cherbourg

Le 25 décembre 1969, à 2 heures 30, cinq vedettes qui faisaient l'objet d'un embargo sur les ventes d'armes à Israël décidé par le général de Gaulle, alors président de la République, quittent tous feux allumés la darse transatlantique de Cherbourg* pour gagner la haute mer. Vigie du Homet, forts de la digue, personne ne se rend compte de leur départ. Par cette nuit de Noël, un temps de chien balaye la Manche. Rapidement cependant la nouvelle du départ des vedettes fera le tour du monde. Alors qu'elles croisent Gibraltar, la presse internationale s'est emparée de l'affaire. Elles atteignent Haïfa le 1er janvier. La construction des douze vedettes, dont cinq avaient déjà été livrées avant la décision d'embargo, avait été signée en 1965 par Félix Amiot*. Il s'agit d'une collaboration internationale : les CMN doivent fournir des coques équipées, les moteurs viennent d'Allemagne et une partie de l'équipement militaire est confiée aux Italiens.

Vendémiaire (naufrage du)

Vendredi 8 juin 1912, il fait encore nuit quand les sous-marins chargés de simuler une attaque contre la 14e escadre quittent les bassins de l'arsenal de Cherbourg. Le *Vendémiaire* va opérer dans le secteur ouest, entre l'île d'Aurigny et le cap de la Hague*. Le lieutenant de vaisseau Prioul commande un équipage bien entraîné.

Il donne l'ordre de plongée quand ils arrivent à la pointe du Cotentin*. Un dernier salut au sous-marin *Messidor* à proximité et les trappes se referment. Alors que l'exercice de tir est terminé, le *Vendémiaire* remonte en surface ; les officiers du cuirassé *Saint-Louis* l'aperçoivent quand il commence à émerger, juste devant leur étrave. Emportés par leur élan, les deux navires se heurtent de plein fouet. La puissante étrave du cuirassé perfore le sous-marin. Le *Vendémiaire* pique vers les profondeurs sous les yeux épouvantés de l'équipage du *Saint-Louis* avant de reposer par 53 mètres de fond avec ses 24 hommes d'équipage.

Vent Le vent est une des composantes majeures du climat en Cotentin*. Il est rarement absent et agite le littoral comme la campagne. Il accompagne souvent les dépressions océaniques chargées d'humidité. Les vents dominants sont des vents d'ouest ou de sud-ouest, comme le suroît, qui apportent souvent de la douceur. Les vents d'est, nord-est, chargés d'air continental et froid, calment la mer sur la côte ouest.

Vergée Cette mesure agraire sert à définir la surface d'une exploitation agricole. Il y a cinq vergées à l'hectare. Longtemps le loyer de la terre s'est exprimé en kilos de beurre par vergée. Pour une ferme moyenne de 50 à 60 vergées, il fallait compter, avant la guerre de 1914, dix kilos de beurre par vergée, payables à la Saint-Michel. Il existait une subdivision de la vergée, la parque ou perche représentant un quarantième de vergée. Rappelons qu'au Québec on vend le tissu à la verge, c'est-à-dire avec une baguette qui mesure un mètre. Subdivision de la vergée, la perche correspond à un carré de sept mètres sur sept, soit la bonne distance pour planter les pommiers à sept mètres les uns des autres.

Vialar (Paul) 1898-1996 Le 10 octobre 1941, paraît en librairie le troisième roman de Paul Vialar, déjà couronné en 1939 par le prix Femina pour *La Rose de la mer*, un roman dont l'action se déroule entre Cherbourg* et Omonville. *La Maison sous la mer* raconte l'histoire d'un couple, Flora, qui tient la maison dans les corons, et Lucien, mineur à Diélette. Dans un univers monotone, gris, fait d'inquiétude et d'ennui, arrive Constant qui sauve Flora d'une mauvaise chute dans la falaise. De cette rencontre naît une passion qui va illuminer et transformer la vie de Flora. Quant à Lucien et Constant, ils sont devenus amis dans le cadre du travail. Henri Calef fit une adaptation cinématographique du roman en 1946 avec Viviane Romance* dans le rôle de Flora.

LA HAGUE — LANDEMER — Le Chalet et l'Hôtel Millet

Les villas de Landemer où Boris Vian venaient passer ses vacances d'été.

Vian (Boris) 1920-1959 « Landemer, ça s'appelait, écrit Boris Vian dans son *Journal intime* paru en 1953. On avait de petites baraques là-bas… Un chouette merveilleux pays. » Dans son enfance, il venait régulièrement en vacances dans cette propriété de son grand-père maternel où trois chalets d'été en pin étaient entourés d'un luxuriant jardin. Le village normand d'Urville-Nacqueville servira de cadre au roman *L'Arrache-cœur*. Plus tard il viendra séjourner à l'hôtel de la Mer à Goury*, déplorant les destructions de la Seconde Guerre mondiale sur le Cotentin*.

Vitrail représentant la bienheureuse Placide Viel priant devant le tombeau de Sainte Marie-Madeleine Postel.

Viel (bienheureuse Placide) 1815-1877

Née à Quettehou* le 26 septembre 1815, elle entre en religion et devient la deuxième supérieure de l'ordre des Sœurs de la Miséricorde fondé par Marie-Madeleine Postel*. Elle développe considérablement les fondations et pendant la guerre de 1870, l'abbaye de Saint-Sauveur-le-Vicomte* accueille de nombreux blessés. Sœur Placide y décède et sera béatifiée en 1951 par Pie XII.

Vikings

Aux VIIIe et IXe siècles, les peuples scandinaves appelés Vikings, ce qui signifie « pillards », profitant du déclin de l'Empire carolingien, partirent à la conquête de nouveaux territoires. Appelés « Normands* » par les Francs, ce sont ceux venus du Danemark qui sont surtout présents en Cotentin*. Ils ont laissé une trace évidente dans la toponymie locale. Cherchant des terres à cultiver ils ont formé des communautés paysannes. Les terres étaient attribuées à des hommes libres qui ont donné leur nom à leur propriété. Éculleville désigne le domaine de *Skuli*, Nacqueville celui de *Hnakki* et Vauville* celui de *Waldo*. Le mot *toft* s'est transformé en *tot* que l'on retrouve dans une multitude de localités. Il désigne un lieu habité, un hameau. C'est aussi la marque d'identification du Cotentin, de Quettetot à Prétot, de Rantot à Gratot en passant par Sciotot. Une fois passé Coutances* et la vallée de la Sienne, le radical *tot* disparaît et est remplacé par *mesnil*. Le suffixe *bec* désigne un ruisseau et *hou* un

Si les Vikings ont laissé des traces évidentes de leur installation dans le Cotentin, ils ont aussi inspiré des contes et légendes.

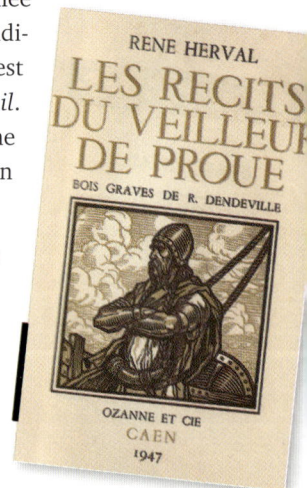

Vicq d'Azyr (Félix) 1748-1794

Né à Valognes*, fils d'un médecin renommé, il devient lui-même un médecin brillant. Arrivé à Paris en 1765, sa notoriété lui vaut de devenir le médecin en titre de la reine Marie-Antoinette, ce qui lui fera craindre pour sa vie durant la Terreur. Anatomiste et également neuroanatomiste, il est parmi les fondateurs de la Société royale de médecine en 1776 alors qu'il est chargé de la prévention des épidémies. Il est reçu à l'Académie française en 1788 au siège de Buffon. Il meurt à Paris d'une pneumonie en 1794.

RENE HERVAL

LES RECITS DU VEILLEUR DE PROUE

BOIS GRAVES DE R. DENDEVILLE

OZANNE ET CIE
CAEN
1947

promontoire au-dessus de la campagne ou une île, comme Tatihou* ou les Écréhou.

Autre trace laissée par les conquérants, les patronymes. Entre les Ernourf, les Osouf, les Ingouf et autres Surcouf, sans oublier les Néel, les Troude, les Turgis, qui sont autant de noms d'origine scandinave. Dans le vocabulaire maritime, leur influence est certaine. Étrave, quille, étambot, tillac, carlingue, hauban, sont arrivés ici à la fin du premier millénaire. En revanche, l'appellation de drakkar pour leur bateau est une pure invention d'un officier de marine française en 1839 qui a transformé le mot viking, *drekar* qui signifie dragon et caractérisait les figures de proue en terme générique, pour qualifier leurs embarcations, certes rapides, qui leur ont permis d'aborder les côtes de l'Europe occidentale.

L'église de Vindefontaine.

Vindefontaine

L'église dont le chœur et le transept ont été édifiés au XIVe siècle mérite le détour en raison d'un joli retable en bois de la fin du XVIIe et d'une belle statue médiévale de la Vierge à l'Enfant. Avec Saussemesnil* et Saint-Jacques-de-Néhou*, Vindefontaine était l'un des principaux centres potiers du Cotentin* et comptait au XIXe siècle neuf ateliers de production.

Viquet

Ce mot utilisé en Basse-Normandie et surtout dans le Cotentin* désigne la partie haute et mobile de la porte d'entrée d'une maison rurale. Il s'applique à toute ouverture pratiquée dans une plus grande ; on parle ainsi du viquet du confessionnal pour la porte qui sépare le prêtre de son interlocuteur. Le viquet de tonneau désigne la trappe qui permettait à un jeune garçon de pénétrer dans les gros tonneaux pour les nettoyer. Enfin la culotte à viquet désigne un vêtement féminin

confectionné comme un pantalon de matelot avec le rabat sur le devant.

Voie de la Liberté

Cette voie commémore la victoire des Alliés et la libération de la France, de la Belgique et du Luxembourg. Marquée par des bornes kilométriques, la borne 0 se trouve à Sainte-Mère-Église* et 00 à Utah Beach*, toutes deux libérées dès le 6 juin 1944. Elle suit ensuite la progression de la IIIe armée américaine commandée par

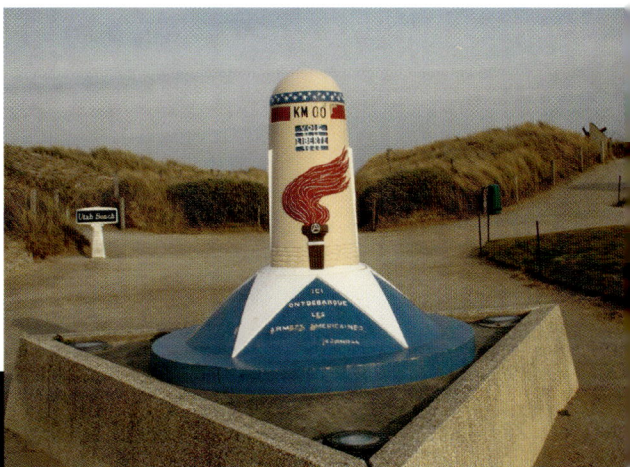

La borne 00 de la Voie de la Liberté à Utah Beach.

le général Patton pour se terminer à Bastogne, en Belgique. Elle traverse donc tout le Cotentin* par Sainte-Marie-du-Mont*, Montebourg*, Cherbourg*, Carentan*, Saint-Lô*, Coutances* avant de continuer dans le sud du département et de prendre la direction de la Bretagne. Dessinée par le sculpteur Cogné, elle balise un itinéraire de 1 145 kilomètres.

Voie verte La voie verte du Cotentin* a été aménagée par le conseil général de la Manche sur un certain nombre de voies ferrées désaffectées. Elle traverse une bonne partie de la presqu'île du Cotentin. L'ancienne ligne de chemin de fer qui reliait Sottevast à Coutances* a été ainsi transformée et peut se parcourir à pied, à vélo ou à cheval. Le trajet permet de traverser les bourgades de Bricquebec*, de Saint-Sauveur-le-Vicomte*, de Lessay* et de Périers*. Le paysage change au fur et à mesure de la promenade. L'austère granit des fermes et des manoirs blottis sous les feuillages fait place aux marais, verts en été, blanchis par les pluies en hiver. C'est aussi une plongée dans l'histoire puisque cette région fut le théâtre de la bataille des Haies, si meurtrière pour les Alliés.

Voisin (Jean) En décembre 1892, le soldat Jean Voisin du 25e régiment de ligne est accusé du meurtre d'une cafetière de Martinvast, à la sortie de Cherbourg*. Le mobile du crime retenu est le vol. Condamné à mort en raison des dépositions mensongères de sa propre mère et de sa tante puis envoyé au bagne de Cayenne, en Guyane, Jean Voisin ne cesse de clamer son innocence. Pendant son séjour au bagne, un ancien sergent-major de l'infanterie de marine, Langlois, reconnaît le crime de Martinvast. Gracié en 1902, Jean Voisin rentre en France et obtient la révision de son procès qui marquera le revirement de sa mère et de sa tante. Il sera également acquitté par le conseil de guerre.

Yvetot-Bocage La pierre d'Yvetot, connue sous le nom de pierre de Valognes*, a été employée du Moyen Âge au début du XXe siècle pour la construction des églises et des manoirs du Cotentin*. Cette pierre calcaire, moins dure à tailler que le granit, est surtout employée à partir du XVe siècle pour les pierres d'ornement, cheminées et ouvertures. La présence de ces carrières a facilité la construction d'un certain nombre de belles maisons sur cette commune proche de Valognes*. C'est dans le château de Servigny construit au XIXe siècle que le général américain Lawton Collins reçut, dans un salon du premier étage, la capitulation des troupes allemandes stationnées à Cherbourg* et commandées par Von Schlieben.

Annexes

Index

Bibliographie

BERTRAND DE LA GRASSIÈRE Paul, *Le Chevalier au vert lion. Le maréchal de France Robert Bertrand et l'intégration de la Normandie au royaume de France,* Imprimerie de Promotion et Édition, 1969.

BARBEY D'AUREVILLY Jules, œuvres complètes, collection La Pléiade, Gallimard, 1972.

BESNIER Michel, *Le bateau de mariage,* Le Seuil, 1988.

BESNIER Michel, *Une maison n'est rien,* Stock, 2003.

BOUARD Michel de, *Guillaume le Conquérant,* Fayard, 1984.

COSTEL Louis, *Mille ans sont comme un jour,* Éditions Universitaires, 1983.
— *Bonnes Gens,* Ocep, Coutances,1971.

DECOIN Didier, *Les trois vies de Babe Ozouf.* Le Seuil, 1983.
— *La Hague,* avec Natacha Hochman, Éditions Isoète, 1991.
— *Avec vue sur mer,* Nil Éditions, 2005. Prix du Cotentin

DRENO Claude-Yves, *Paris-Saint-Lazare-Cherbourg depuis 1858,* Eurocibles, 2010.

ECOLE-BOIVIN Catherine, *Testament d'un paysan en voie de disparition.* Presses de la Renaissance, 2009.

GAUTHIER Xavière, *La Hague, ma terre violentée,* Mercure de France, 1981.

GODEFROY Pierre, *Roi sur sa terre,* Heimdal, 1975.

HAMEL Françoise, *Le café à l'eau,* Grasset, 1981.
— *Magnéto,* Presses de la Cité, 2011.

HENRY Gilles, *Contes et Légendes de Normandie,* France Empire, 1997.

LE HUEL Roger, *Bleu Prévert,* Éditions de la Rue, 2011.

LECOEUR Maurice, *Sainte-Mère-Église, le village du jour le plus long,* Lieu commun, 1994.
— *La Digue écarlate,* Éditions Isoète 2010.

LETENNEUR René, *Carentan à travers les siècles,* Ocep, 1970.

MONSIGNY Jacqueline, *L'extraordinaire histoire de la Normandie,* Alphée, 2010.
— *Le Maître de Hautefort,* Belfond, 1993.
— *La dame du Bocage,* Belfond 1995.

NOËL Alfred, *Chansons du Pays de Valognes,* Éditions Notre-Dame, 1941.

PERRAULT Gilles, *Le Secret du Jour J,* Fayard, 1964.
— *Les Gens d'Ici,* Ramsay 1981.

PINEL Michel, *Barbey d'Aurevilly, le scandaleux,* Eurocibles, 2008.

PITHOIS Claude, *Brix, berceau des rois d'Écosse,* Corlet, 1980.

ROSSEL Alfred, *Chansons Normandes,* Ocep, 1974.

ROUIL Jacques, *Une mémoire de bout du monde,* Cheminements, 2004.

RYAN Cornelius, *Le jour le plus long,* Robert Laffont, 1960.

SALATKO Alexis, *Notre-Dame des Queens,* Éditions Isoète, 1995.

Du même auteur

HISTOIRE MARITIME

*Naufrages et Sauvetages
  en Manche*, Corlet.

Les Canotiers de l'Impossible, Corlet.

Sauveteurs de Normandie, Corlet.
  Prix des Libraires de Normandie

Naufrages et Sauvetages en Bretagne, Corlet.

La mer et rien d'autre, Corlet.

À l'abordage, Corsaires, Pirates et Flibustiers,
  Corlet.

Mousses et Marins au Combat, Corlet.

Les Corsaires de la Baie d'Along,
  Éditions Cheminements. Prix Histoire
  Vécue en Indochine.

Sauveteurs en mer - Atlantique, tomes1 et 2,
  Alan Sutton.

Sauveteurs en mer - Mer du Nord et Manche,
  Alan Sutton.

La grande histoire du Sauvetage en mer,
  Éditions Le Télégramme.

Les Mousses, de Colbert à nos jours, Éditions
  Le Télégramme.

*Prendre pied, tenir ou mourir. Marins dans
  la guerre*, Éditions Pascal Galodé.

*Les grandes catastrophes maritimes. Tome 1,
  1900-1945*. Éditions Pascal Galodé.

VILLES ET VILLAGES
  DE NORMANDIE

*Ouistreham, d'une tempête
  à l'autre*, Corlet.

Le Canton des Pieux, Alan Sutton.

La Hague, Alan Sutton.

Dieppe, Alan Sutton.

Rouen, Alan Sutton.

Le Canton de La Haye du Puits, Alan Sutton.

Le Tréport et sa région, Alan Sutton.

Canton des Pieux, ainsi va la vie, Gabel.

Diélette, la mine sous la mer, Alan Sutton.

Le Canton des Pieux, souvenirs en images,
  Corlet.

Le Cotentin de A à Z, Alan Sutton.

Contes et légendes du Cotentin, Alan Sutton

Carnet de cuisine du Cotentin,
  Le Télégramme

ROMANS

Hurler avec les loups à Canteleu, Corlet.

La Carriole, Éditions Isoète.

Remerciements

L'auteur et les éditeurs tiennent à remercier toutes les personnes qui ont pris part à la réalisation de cet ouvrage : Michel Pinel et Philippe Lebresne pour leurs documents et leurs photographies, René Caillot pour sa collection de cartes postales, Philippe Quevastre pour sa collection d'affiches de films, les enfants de Paul Bony pour leur aimable autorisation de reproduction des vitraux de leur père et la photographie de leurs parents et Catherine École-Boivin, Jacqueline Monsigny, Gilles Henry, Patrick Courault, Claude Prigent, André Rozen pour leur amicale participation.

Crédits photographiques

BONY 1975